गोपाल सिंह नेपाली

गोपाल सिंह नेपाली का जन्म 11 अगस्त, 1911 को बेतिया (बिहार) में हुआ। प्रवेशिका तक शिक्षा।

उनकी प्रमुख कृतियाँ हैं—'उमंग' (1934), 'पंछी' (1934), 'रागिनी' (1935), 'नीलिमा' (1939), 'पंचमी' (1942), 'नवीन' (1944), 'हिमालय ने पुकारा' (1963), 'असंकलित रचनाएँ' (2007)।

'सुधा'(1933),'चित्रपट'(1934), रतलाम टाइम्स', 'पुण्यभूमि' (1935-1937), 'योगी' (1937-1939) के सम्पादन से जुड़े रहे। बेतिया राज प्रेस (1940-1944) के व्यवस्थापक भी रहे। फिल्मों के लिए गीत लिखे। फिल्म-निर्माण और निर्देशन क्षेत्र में भी सक्रिय रहे।

उमंग

गोपाल सिंह नेपाली

राजकमल पेपरबैक्स

पहला संस्करण 1934 में साहित्य मंडल, दिल्ली से प्रकाशित

राजकमल पेपरबैक्स में
पहला संस्करण : 2025

राजकमल पेपरबैक्स : उत्कृष्ट साहित्य के जनसुलभ संस्करण

राजकमल प्रकाशन प्रा. लि.
1-बी, नेताजी सुभाष मार्ग, दरियागंज
नई दिल्ली-110 002

शाखाएँ : अशोक राजपथ, साइंस कॉलेज के सामने, पटना-800 006
पहली मंजिल, दरबारी बिल्डिंग, महात्मा गांधी मार्ग, प्रयागराज-211 001
1, अनमोल सोराबजी सन्तुक लेन, धोबी तलाव, मरीन लाइंस, मुम्बई-400 002

वेबसाइट : www.rajkamalprakashan.com
ई-मेल : info@rajkamalprakashan.com

विकास कम्प्यूटर एंड प्रिंटर्स
ट्रॉनिका सिटी-201 102
द्वारा मुद्रित

मूल्य : ₹ 199

UMANG
Poetry by Gopal Singh Nepali

ISBN : 978-93-6086-328-9

भूमिका

तुम कब समझोगे मेरे मन
मैं तो पूजा का एक सुमन

बचपन की बात मैं नहीं करता, पर जब होश आया तो ब्रजभाषा की 'कोमल-कान्त पदावली' घूँघट काढ़े सामने खड़ी थी। एक-आध को मैंने पसन्द भी किया, गाया भी। पदावली अभी मेरे निश्चय की बाट जोह ही रही थी, कि पीछे से समय ने सीटी दी। मैं मुड़ा, उसकी ओजपूर्ण बातें सुनीं। न कोई मोहन कोई लालच; कर्तव्य की ज्योति से उद्भासित प्रशस्त जीवन मार्ग मैं बड़ा आकृष्ट हुआ। इस नवीन आलोक से मुझे बड़ी खुशी हुई।

अपने चिर-तरुण साथी समय से प्रोत्साहन पाकर अब मैं गाने लगा। गाया क्या, कुछ इस ढंग से अपनी नादानी सामने रख दी कि दोनों दोस्त भी चौंक उठे। लोग कहने लगे, हाँ कुछ कह रहे हो।

अब उमर खय्याम की हाला प्याले से भरी सामने रखी थी। मैंने बड़े गौर से देखा। प्याले में उड़ेली हुई वह सुरा यों झलक रही थी ज्यों शीशे के पारदर्शी आवरण के अन्दर स्वयं मादकता जम के बैठी हुई हो। पर मुझे उसमें कुछ कड़वाहट-सी मालूम हुई और जीभ ने कहा, पीने पर मुँह किंचित-विकृत करना पड़ेगा। मैंने स्वीकार न किया; टाल दिया। इतने में बगल से उर्दू के विषाद-गीत सुनाई दिए। वे करुण थे, उनमें रस था। मुझे बड़े पसन्द आए। मैं भी बैठ के गाने लगा—

पहलुये पार से उठने को उठे तो लेकिन
दर्द की तरह उठे, गिर पड़े आँसू की तरह।

पर स्वर की असमानता से पकड़ लिय गया। कितनी ही कोशिशें की, पर रुदन की दुरूह कला के सामने मैं हार मान गया। स्वभाव में भी विरोधाभास था। *न मैं कभी दर्द की तरह उठा, न कभी आँसू की तरह गिरा*। जब से क्षितिज की गोल रेखा मेरी आँखों में आलिंगन की लालच पैदा कर गई, तब से खड़ा ही हूँ। कभी गिरा भी हूँ। कभी गिरा भी हूँ तो फिर पलक झपकते उठ गया हूँ।

इस तरह बढ़ते-बढ़ते अचानक शान्त-संकुचित प्रवाह में एक स्फूर्ति-सी आई। मधुर आवेग ऊपर को उठा और कंठ से निकलकर उसने और ही संसार की सृष्टि की।

I slept and dreamt that life is beauty;
I awoke and found it is full of duty.

धूल के हटने पर अब होंठों की मुस्की स्पष्ट हुई। मन के अनुकूल ताल मिली। बाद का हाल इन कविताओं में है। आदमी का अपना स्वभाव है। घास पर लेटे-लेटे गाया करता हूँ।

बहुत दिनों के बाद अब 'उमंग' आपके हाथ में है। 'स्नेह-शब्द' के लिए श्री पन्तजी का आभारी हूँ। शेष बात का फैसला स्नेही पाठकों के जिम्मे।

—गोपाल सिंह नेपाली

बेतिया, चम्पारन
22.4.34

स्नेह-शब्द

आ मधुप, मुकुल मन खोल-खोल
द्रुम में पक दाड़िम गोल गोल
तरु के नव पल्लव डोल-डोल
वन वन में पंछी बोल-बोल
रे कब से उजड़ा पड़ा बाग
सोई उमंग उठ जाग-जाग।

प्रिय नेपाली जी,

आपकी कविताएँ मुझे विशेष प्रिय हैं। उनकी प्रतिभा के आलोक से मैं बहुत पहले से परिचित हूँ। आपकी सरस्वती स्नेह, सहृदयता और सौन्दर्य की सजीव प्रतिमा है। आपका कवि-कंठ, 'निर्मल निर्झर के समान', अवश्य ही मंसूरी की तलहटी में फूटा होगा। इसलिए आपकी रचनाओं में जो उन्मुक्त वातावरण एवं स्निग्ध अभिलातप मिलता है, वह पाठक के हृदय की खिड़की खोलकर, उसे 'नरम दूब' बिछी राहों से, 'विलास की मंसूरी' से 'जंगल की मंसूरी' में ले जाकर प्रकृति की मनोरम क्रीड़ा-भूमि में छोड़ देता है, जहाँ 'जंगल की हरियाली अंचल पसार' कर उसका स्वागत करती है। 'जामुन तमाल इमली करील, ऊपर विस्तृत नभ नील-नील', 'ऊँचे टीले', 'गिलहरियों के घर' मन को मोहते हैं 'पीले-पीले लाल-लाल, फल-फूल-मुकुल से लदी डाल' में 'मधुप गुनगुन', 'फुलचुग्गी रुनझुन' करती। 'बुलबुल सुग्गे चुन-चुन' फल खाते हैं। जहाँ 'द्रुम में दाड़िम गोल-गोल', सेब,

किशमिश, अनार से भी मीठे देहरादून के मधुर बेर खाने को मिलते हैं। जहाँ झीलों में जल, जल में मृणाल हैं। घर बसाने की प्रतीक्षा में डालों पर बैठे पक्षियों के जोड़े 'चोंचों से पर सुहला-सुहला' कर, प्रेम-विह्वल हो, कल-कूजन करते हैं।

आपकी भाषा इतनी मधुर, सरस एवं प्राञ्जल है, कि वह आपकी विशेषता बन गई है। आपके पसार, बयार, सपना, छीलना, छंदों का उकसाना, फुनगी, नन्ही-नन्ही फुल चुग्गी, बोल-बोल, डोल-डोल आदि सभी सीधे-सादे प्रयोग कवित्वपूर्ण लगते हैं। यह घास नहीं है, पनप उठी मेरे जीवन की मधुर आस में भी आधा मधुर ही हो गई है। आपने निर्झर को झरना, सरोवर को झील, पक्षी को पंछी, रिक्त को रीता बनाकर खड़ी बोली की कविता को सहज-सुषमा से पूर्ण कर दिया है।

नवयुग का भी आपने मुक्त हृदय से स्वागत किया है, उससे 'खोल-खोल मेरे बन्धन' कहकर ही आप सन्तुष्ट नहीं हो गए हैं, प्रत्युत विश्व-व्यापी परिवर्तन भी चाहते हैं—

आजा, लादे कण-कण में अब फिर से ऐसा परिवर्तन,
मरता जहाँ आज यह जीवन वहाँ करे यौवन नर्तन!

'उमंग' में सर्वत्र आपके नव-यौवन की उमंग व्याप्त है। 'नरम हड्डियों का कड़ा होना', 'नाड़ियों में बिजली का झनझना उठना', 'किसी की याद में अँगड़ाई का आना', उसके चिन्ह मात्र और मस्ती उसका खासा अच्छा प्रमाण है।

एक प्रतिभा सम्पन्न, उदीयमान, नवयुवक कवि में भावों की जो मादकता, मोहकता, आशा और महत्त्वाकांक्षा की जो उत्तेजना, एवं कल्पना की जो आकाश-व्यापी उड़ान होनी चाहिए, उससे आपकी रचनाएँ ओत-प्रोत हैं। हरी घास, मौलसिरी मंसूरी की तलहटी, प्रतीक्षा, बेर, युगान्तर, नेपाल आदि कविताएँ मुझे बहुत पसन्द हैं। आपकी 'प्रेम' शीर्षक कविता की अन्तिम चार पंक्तियाँ दुहराए बिना जी नहीं मानता।

किन्तु देव! कब समझोगे है
यही स्वर्ग, जीवन, संसार

यही पुण्य है एक जगत का
उतरेंगे इससे ही पार।

आपका
—सुमित्रानन्दन पन्त

नक्षत्र
कालाकाँकर।
24.2.34

क्रम

उमंग

उमंग

ऐसी मेरे मन की उमंग
रहती न, कहाँ किसके न संग
मेरे मानस का मुकुल मूल
था डाली पर रे रहा झूल
वन की सुषमा पर रीझ, भूल
खिल उठा तुरत, हो गया फूल
ये पीले, नीले, लाल रंग
जैसी मेरे मन की उमंग
उड़ती पतंग पाँखें पसार
ऊपर, बयार में बार-बार
पर बिना पवन, कुछ भी न पार
बस उसी तरह रे आर-पार
उड़ सके गगन में जो पतंग
वैसी मेरे मन की उमंग

आती है जब मन में उमंग
लाती सपना छन में उमंग
तन में उमंग, घन में उमंग
यौवन में, जीवन में उमंग

करती है पुलकित अंग-अंग
कैसी मेरे मन की उमंग
जैसा मैं, मेरा मनोभाव
उसका न तनिक मुझमें अभाव
पर, आलस ही जिनका स्वभाव
जिन पर विराग का चिर प्रभाव
कर देती उनका ध्यान भंग
ऐसी मेरे मन की उमंग

[जनवरी, 1933]

गीत

(1)

सोई उमंग, उठ जाग, जाग
जीवन से क्यों इतना विराग

आ मधुप, मुकुल-मन खोल-खोल
द्रुम में पक दाड़िम गोल-गोल
तरु के नव-पल्लव डोल-डोल
वन-वन में पंछी बोल, बोल
रे कब से उजड़ा पड़ा बाग
कोई उमंग, उठ जाग, जाग
नीरस विराग का काट फंद
रे खोल हृदय का द्वार बंद
उकसा-उकसा कर मधुर छंद
बैठा खिड़की में मंद-मंद
फिर एक बार गाऊँ विहाग
खोई उमंग, उठ जाग, जाग

[मई, 1933]

(2)

एक भक्त के रुँधे कंठ से निकली यह विह्वल स्वर-लहरी
अपना मधुर गीत गाती है
गा-गा वहीं पहुँच जाती है
जहाँ सदा से त्रिभुवन-पति की अविरल छटा मनोहर छहरी
इसमें नहीं सरस स्वर, लय रे
वन-वन के मधु का संचय रे
इसमें तो आतुर तन-मन की है केवल विह्वलता गहरी
भूला है पथ पथिक धरा पर
वह चलता था जिधर बराबर
वह तो मायापति की जग में मनोमोहिनी माया ठहरी
आशा है, आराध्य सुनेंगे
कुछ तो मन में कभी गुनेंगे
वे हैं बहरे सही, किन्तु रे कभी न उनकी करुणा बहरी

[अप्रैल, 1933]

(3)

इस बेला पनघट पर आकर यों तू क्यों रोती है, कह री
अब वे यौवन के दिन प्यारे
बीत गये रह-रहकर सारे
अब आती है जग में संध्या, ढलती जीवन की दोपहरी
उठ-उठ, पानी भर, घर को चल
यहाँ बैठने से अब क्या फल
अब तो होती ही जावेगी सजनी, रह-रह रजनी गहरी

भूली कहाँ, किधर अपना पथ
जो अटका आकर मेरा रथ
क्या इस निर्जन में खोई है, जीवन की कोई स्वर-लहरी
क्यों यह झड़ी आज सावन की
ममता किसकी, किस जीवन की
इस जाड़े के दिन में काली घटा किधर से आई, घहरी

[दिसम्बर, 1932]

आगमन

यह तो रे युग जग का नवीन
बज रही इसी की मधुर बीन

तू खोज रहा वह तब का जग
जिसको मग ने कर दिया विलग
अब तो रे जग छवि से जगमग
है अमर लोक-सा ही लगभग

हो जा नवीन या हो विलीन
यह तो रे युग जग का नवीन

तन चाहे, तो दे अपना तन
मन चाहे, तो दे अपना मन
धन चाहे, तो दे अपना धन
आलिंगन से ले आलिंगन

है प्रेम प्रेम के ही अधीन
यह तो रे युग जग का नवीन

सुख, शान्ति, नेह, करुणा, दुलार
वत्सलता, समवेदना, प्यार
बहती है इनकी विमल धार
इस वसुधा में रे लगातार

हम उन्हीं धार के मुक्त मीन
यह तो रे युग जग का नवीन
इस जग में सबका हृदय करुण
सबमें यौवन, हैं सभी तरुण
सबके अधरों पर उषा अरुण
होता हो चाहे दुख दारुण
उठ गये यहाँ से शक्तिहीन
यह तो रे युग जग का नवीन

[दिसम्बर, 1932]

युगान्तर

अरे युगान्तर, आ जल्दी अब खोल, खोल मेरा बन्धन
बँधा हुआ इन जंजीरों से तड़प रहा कब से जीवन
देख, कटीं पाँखें कैंची से उड़ सकता न जरा भी मन
बहरा कान, पाँव है लँगड़ा, अंधा बना हुआ लोचन
ले जा यह तन, ऐसा जीवन, बदले में दे जा यौवन
दे जा उस युग का मेरा मन, बदले में ले जा सब धन
आ जा, ला दे कण-कण में अब फिर से ऐसा परिवर्तन
मरता जहाँ आज यह जीवन वहाँ करे यौवन नर्तन

[मार्च, 1932]

तत्त्व

छील-छील थाली में रक्खा
फल खाया, तो क्या खाया
घर के पैसे से खरीदकर
मधु लाया, तो क्या लाया
हो आनन्द-मगन, सुख में
गाना गाया, तो क्या गाया
घर बैठे-बैठे कुबेर का
धन पाया, तो क्या पाया
　　छिदा-छिदा काँटों से फल
　　खाओ, मधु लाओ तो जानूँ
　　दुख में गाओ, छान-छान
　　बालू धन पाओ तो मानूँ

[जून, 1932]

अन्तर

जिसने तुझे दिया धन इतना उसने मुझे दिया है मन
जिसने बेदिल तुझे बनाया उसने मुझे किया निर्धन
जिसने लोचन-हीन बनाया तुझको दो लोचन देकर
उसने लोचन-युक्त बनाया मुझसे दो लोचन लेकर
जिसने भरा लबालब मद से तेरा सोने का प्याला
उसने करुणा के अमृत से मेरा मन-घट भर डाला
जिसने तुझको दी है चिन्ता उसने मुझको मस्ती दी
जिसने तुझको राज दिया है उसने मुझको बस्ती दी
तुझे मोह से बाँधा जिसने मेरा खोल दिया बंधन
वैसे तो तेरा भी जीवन है फिर मेरा भी जीवन

[मार्च, 1932]

निश्चय

(1)

चाहे करूँ न पुण्य जनम-भर, मिले न यश जग में अक्षय
चाहे कर पाऊँ न यहाँ मैं सोने-चाँदी का संचय
किन्तु, जहाँ भगवान प्रेम की होती है पूजा सविनय
करूँ तीर्थ यात्रा उस जग की, यह मेरे तन का निश्चय

(2)

भले न समझूँ मैं मधुपों के मृदु मधु चखने का आशय
भले रहे मेरे जीवन के कानन का पथ कंटकमय
पर, जीवन भर करती फिरती तितली जिन-जिन से परिचय
पाऊँ उन्हें, नहीं मिट जाऊँ, यह मेरे मन का निश्चय

(3)

कर पाऊँ न भले जीवन में अपने गौरव का अभिनय
भले धनिक होने में मेरे हो जग के मन में संशय
किन्तु, विमुख हों जब सब तत्पर, दयावान जब हों निर्दय
लुट जाऊँ तब घर-घर, मेरे यह करुणा-धन का निश्चय

(4)

चाहे हो मेरे विरुद्ध में भावी का सारा निर्णय
चलता रहूँ राह पर अपनी, जग में मचता रहे प्रलय
लगता जहाँ तनिक जाने में बड़े-बड़े वीरों को भय
उस वेदी पर चढ़कर देखूँ, रे यह यौवन का निश्चय

(5)

जीवन के इस नीले नभ में हूँ तारों-सा सदा उदय
तरु के ऐसा रहूँ अटल औ' शीश नवाकर करूँ विनय
जीवन के गाने गाने की विहग जानता है जो लय
उस लय में मैं भी गाऊँ, यह मेरे जीवन का निश्चय

[दिसम्बर, 1932]

चिन्ह

उठा सामने से जब पर्दा बचपन की नादानी का
लगा समझने मूल्य अधिक अब इन आँखों के पानी का
शौक हट गया जब गुड़ियों का, गुड्डी और कहानी का
लगा समझने जब सपना ही सपना राजा-रानी का
जब बचपन की हँसी-खुशी में यौवन की मस्ती छाई
तब हमने समझा, अब आई दीवानी तरुणाई
कड़ी हुईं जब नरम हड्डियाँ, उनमें जोश हुआ जारी
लगा खूब जोरों से करने खून हमारा रफ्तारी
उठीं झनझना जब बिजली-सी मरी हुई नाड़ी सारी
हुई शुरू जब अंग-अंग में पागलपन की बीमारी
याद किसी की कर जब लेने लगा अकेले अँगड़ाई
तब हमने समझा, अब आई वह दीवानी तरुणाई
दिल में नई उमंगों के जब लगातार तूफान चले
बस, अम्बर को छूने ही जब नये विचार-विमान चले
दुनिया में ऐश्वर्य खोजने उड़-उड़कर अरमान चले
साथ-साथ जब आस दिलाते आशा के वरदान चले
प्रथम-प्रथम जब इस जीवन में भोली आँखें शरमाईं
तब हमने समझा, अब आई वह दीवानी तरुणाई

देख चुके भोली-भाली-सी जब वह दुनिया बचपन की
देख चुके अब उषा सुनहली इस संसारी जीवन की
देख चुके बचपन की वेदी पर पूजा अपने तन की
देख चुके अधखिली कली जब इस मदमाते यौवन की
तारे छिपे उषा भी लौटी, आँगन में किरणें आईं
तब हमने समझा, अब आई वह दीवानी तरुणाई

[दिसम्बर, 1931]

जीवन

हैं यही जवानी के दिन
उभरा आता है यौवन
कोमल घासों पर बैठा
इठलाता है मेरा मन

सामने खड़ा है पावन
छोटा-सा पक्का मन्दिर
लघु, उच्च बेले के तरु में
कुछ लुका-छिपा अपना सिर

वह उच्च बेल की फुनगी
है रही हवा में हिल-डुल
जाने उड़ एक कहाँ से
आती मतवाली बुलबुल

बैठती तुरत वह आकर
बस ठीक उसी फुनगी पर
है लिए चंचु में अपनी
वह एक शुष्क, छोटा खर

वह सुन्दर नीड़ रचेगी
चुन-चुनकर खर लायेगी
सजनी, फिर कभी किसी दिन
यह भी बैठी गायेगी

उसका संसार बसेगा
उसका भी जीवन होगा
जग के इतने आँगन में
उसका भी आँगन होगा

बस, ऐसी है यह दुनिया
ऐसा ही जग का जीवन
जिसमें रूखे खर का घर
बनता पीतल का कंचन

[फरवरी, 1933]

परिचय

तुम कब समझोगे मेरे मन
मैं तो पूजा का एक सुमन
यह सुख-दुखवाला सारा जग
करके किरनों से नित जगमग
खोजते तुम्हें पग-पग मग-मग
जो छान डालती जग लगभग
मैं उसी ज्योति की एक किरन
तुम कब समझोगे मेरे मन
जो देख-देखकर नभ के नग
रहता रातों-भर सदा सजग
ले सिर पर एक तुम्हारा पग
हो जाता नभ-सा ही जगमग
उस पथ का मैं छोटा रज-कन,
तुम कब समझोगे मेरे मन
सागर से सघन मेघ उठकर
रिमझिम-रिमझिम बरसे भू पर
जो मिले सिन्धु में जल जाकर
फिर बने मेघ, बरसे घर-घर

मैं वैसा ही तो वारिद घन
तुम कब समझोगे मेरे मन

पूजन के पहले ही मन-मन
कर दे अपना सब-कुछ अर्पन
फिर मिले दान के लिए न धन
सब रहे बन्द पूजन, अर्चन
जग का ऐसा ही मैं निर्धन
तुम कब समझोगे मेरे मन

जिसकी नदियाँ गिरि से बह-बह
इस जीवन के सुख-दुख सह-सह
क्षण-भर को यहाँ-वहाँ रह-रह
छू लेती सागर की तह-तह
मैं उसी विधाता का सर्जन
तुम कब समझोगे मेरे मन

मुझको न जगत् का तनिक मोह
करता न किसी से द्वेष, द्रोह
मैं तो पृथ्वी पर पड़ा लोह
बस, बाट तुम्हारी रहा जोह
तुम पारस, कर दोगे कंचन
तुम कब समझोगे मेरे मन
है जहाँ तुम्हारा सदा वास
इस जीवन के बारहों मास

जिस जगह रात-दिन आस-पास
करते रहते हो तुम विलास
उस जग में मेरा भी आँगन
तुम कब समझोगे मेरे मन
मैं सरस सोम रस घोल-घोल
तारों-सा खिड़की खोल-खोल
पीपल-पल्लव-सा डोल-डोल
विहगों की बोली बोल-बोल
करता रहता हूँ अभिनन्दन
तुम कब समझोगे मेरे मन

[दिसम्बर, 1932]

न्योछावर

(1)

अधखिला मुकुल था पहले, अब तो हूँ सुमन, उठा खिल
अब मेरे घर का आँगन नभ के तारों से झिलमिल
अब तक तो साथ अनिल के बहलाता था अपना दिल
अब किसका हार बनूँ मैं, जाऊँ अब किससे हिलमिल

(2)

पहले था छोटा बिरवा, अब पीपल का हूँ तरुवर
होता कलरव पंछी का निशि दिन अब मेरे घर पर
इस मदमाते यौवन में उठती उमंग रह-रहकर
किसके आगे मैं झुककर अब करूँ जन्म भर मर्मर

(3)

पहले था नन्ही लतिका, था तब वह मेरा बचपन
अब बना वल्लरी बढ़कर, है अब ये मेरा यौवन
बढ़ता ही जाता दिन-दिन, पाया मैंने ऐसा तन
अब किससे कर आलिंगन कर दूँ जीवन को जीवन

(4)

पहले था मैं हिमगिरि का निर्झर छोटा-सा, चंचल
अब उतर रहा हूँ नीचे, बढ़ रहा धार का ले बल
गम्भीर बना फिरता हूँ, भूला जाता हूँ कलकल
किस पथ से चलूँ, मिलूँ जो सागर से, अब तक ओझल

(5)

यह विस्तृत वसुधा सुन्दर है मेरा सुख-दुख का घर
जगमग-जगमग रे आँगन, झिलमिल-झिलमिल छत अंबर
मैं गली-गली इस जग की फिरता हूँ जीवन लेकर
कर दूँ किसके चरणों पर यह एक विभव न्योछावर

[दिसम्बर, 1932]

प्रेम

(1)

तुम समझोगे नन्दन वन के
सुन्दर, सरस सुमन सुकुमार
इठला-इठला कर करते हैं
कुछ दिन वन-समीर से प्यार
चातक, मोर, पपीहा, कोयल
अपने जीवन के दिन चार
करते हैं आकर दुनिया में
यही, प्रेम का ही व्यापार

किन्तु देव, कब समझोगे, है
यही स्वर्ग, जीवन, संसार
यही पुण्य है एक जगत् का
उतरेंगे इससे ही पार

(2)

झरो-झरो ऐ निर्मल झरने, छलक पड़ो वन में छलछल
फूटो-फूटो अब वसुधा से, छलक पड़ो वन में झलझल
मैं भी पी पाऊँ जीवन में एक घूँट झरने का जल
थकन दूर हो जीवन भर की, मन हो तुझ-सा ही शीतल
बह-बह, उतर-उतर री सरिता, गाती चल मंजुल कलकल
भिगो-भिगो दे शीतल जल से शुष्क, तप्त गिरि का अंचल
मुझे ले चलें गिरि से निधि में ये तेरी लहरें चंचल
मैं भी उछल-उछल मिल जाऊँ रे सागर से, जल्दी चल
घूँघट खोल कली, मुस्का दे मधुप बुलाता है पलपल
आ पहुँचा अपनी नीड़ों में दूर देश से पंछी दल
आती है जगती में मधु-ऋतु, कूक-कूक उठती कोयल
तू हँस देगी तभी न तरु में पक आवेंगे मीठे फल
जिनको चुन-चुनकर चोंचों से खावेगा नित पंछी-दल
यह जीवन भी सरस बनेगा जैसे मधुर रसीले फल
गम-गम गमक उठेगा सब जग, क्या उपवन रे क्या जंगल
तू हँस देगी, मैं हंस दूँगा, होगा जंगल में मंगल
काली अँधियारी रजनी में अरी चाँदनी, खिल निर्मल
चाँदी से धो डाल कलुष-सा इस रजनी का सारा मल
चमक उठे कण-कण जगती का निर्मल जल, थल, नभ-मंडल
मेरी दुनिया हो चाँदी की, चाँदी-सी ही हो उज्ज्वल
उमड़-उमड़ ऐ सिन्धु प्रेम का इस नभ के नीचे अविरल
तेरी लहरों से लहरावे यह नभ-मंडल, भू-मंडल
आया हूँ अपनी गागर ले तेरे तट पर भरने जल
कम से कम इतना भी जल दे, भर जावे यह घट अविकल

[मई, 1932]

प्रतीक्षा

कब होगा तरु नन्हा पौधा, कब फैलेगी डाल सखी
थिरक-थिरक कर कब देवेंगे पर्ण ताल पर ताल सखी
कुसुम-कली कब मुस्कावेगी मंजुल वदन निकाल सखी
टहनी-टहनी पक आवेंगे कब फल रस से लाल सखी
कब सुन्दर संसार बसेगा मेरे घर के द्वार सखी
इसी प्रतीक्षा में कटते हैं जीवन के दिन चार सखी

झरता है कब वन का झरना शीतल जल की धार सखी
पी दो घूँट पथिक पावेगा अमृत का मृदु सार सखी
सरिता के यौवन में आवेगा कब नया उभार सखी
ले-लेकर डुबकी पावेगा जग 'आनन्द' अपार सखी
बसता 'मन्दाकिनी' तीर कब नन्दन वन गुलजार सखी
इसी प्रतीक्षा में कटते हैं जीवन के दिन चार सखी

इस काले घनवाले नभ में कब चमकेगा चाँद सखी
चाँदी-से चमकीले जग में कब होगा आह्लाद सखी
बन जावेगी गगन-तारिका कब जीवन की याद सखी
मधुर कूक बन बाहर निकलेगा अन्दर का नाद सखी
देख सकूँगा ऐसी दुनिया कब, किस दिन, किस बार सखी
इसी प्रतीक्षा में कटते हैं जीवन के दिन चार सखी

लहर-लहर पर कब तैरेंगे मेरे मंजुल गान सखी
होंगे कब पूरे ये मेरे जीवन के अरमान सखी
कुंजों के झुरमुट में होगी आँखों की पहचान सखी
कब मिल पावेंगे गुपचुप में दोनों दिल नादान सखी

कह तो दे कब मिल जावेगा मुझको मेरा प्यार सखी
इसी प्रतीक्षा में कटते हैं जीवन के दिन चार सखी

कब आवेंगे मेरे वे दिन, मधुर चाँदनी रात सखी
विहँस-विहँस कर पावेंगे हम भी दो-दो बात सखी
होवेगा कड़वे से मीठा कब जग का आघात सखी
आवेगा आंगन में हँसता कब अब मधुर-प्रभात सखी

गूँज-गूँज कब पहनूँगा मैं जीवन में गलहार सखी
इसी प्रतीक्षा में कटते हैं जीवन के दिन चार सखी

मिला देख, उड़ता पंछी को तरु में भी घर बार सखी
मिला रात में भी तारों को यौवन का श्रृंगार सखी
मिला मोर को सघन मेघ में छिपा हुआ दिलदार सखी
मिला मधुप को कुंज-कुंज में फूलों का उपहार सखी

क्या न मिलेगा मुझको मेरा चिर-वांछित संसार सखी
इसी प्रतीक्षा में कटते हैं जीवन के दिन चार सखी

[अप्रैल, 1932]

उलझन

अगर नेह का खेत लहलहा
मेरा चित्त चुरा ले
अगर प्रेम की फुलवारी निज
बन्दी मुझे बना ले
अगर जाल ममता का मुझको
कसके बाँध फँसा ले
अगर मदारी मेरा मुझको
बंदर बना नचा ले
बन पतंग यदि उड़ूँ गगन में
कटे न मेरी डोरी
अगर मधुप के साथ कमल ही
करता हो बरजोरी
मुक्ति धरी है इस उलझन में
सुझले उलझन सारी
यही मुक्ति पाने की मेरी
कब आवेगी बारी

[मार्च, 1932]

जीवन-संगीत

गहरे, विस्तृत सागर के उस पार हमारा गाँव रहे
छोटी नैया से लकड़ी, लहर लड़ाती दाँव रहे
जल ही जल सब ओर रहे, थल पर न हमारा पाँव रहे
रहे न कोई सहायता को, हम हों, छोटी नाव रहे
होकर बेड़ा पार रहेगा, तुम तो हो पतवार सखी
जहाँ रहेंगे वहीं बसेगा नन्दनवन गुलजार सखी

बढ़ते ही जाते आगे को कहाँ, न यह अनुमान कभी
मिलते हैं राहों में जंगल, पर्वत, रेगिस्तान कभी
आज रूस में, कल लन्दन में, अमेरिका, जापान कभी
चलते-चलते कहीं रात-भर, होगा स्वर्ण-विहान कभी
मैं हूँ एक तुम्हारा परिजन, तुम मेरे घर-बार सखी
जहाँ रहेंगे वहीं बसेगा नन्दनवन गुलजार सखी

यहाँ रहें या रहें वहाँ पर, या कैदी हो जेल चलें
चाहे लेकर हमें यहाँ से दूर देश को रेल चलें
सुख मिलता हो भोग चलें हम, दुख होता हो झेल चलें
दो दिन के जीवन में, जगमें, हँस-हँस, खुश-खुश खेल चलें
तुम मुझ पर निर्भर करती हो, मेरे तुम आधार सखी
जहाँ रहेंगे वहीं बसेगा नन्दनवन गुलजार सखी

सर्वनाश हो, प्रलय, निधन हो, होकर हमें करेगा क्या
ऐसी बन्दरघुड़की से भी मानव-हृदय डरेगा क्या
चलने का अभ्यस्त पाँव यह पथ से कभी टरेगा क्या
ईश्वर का यह अमर अंश रे छन में कहीं मरेगा क्या
जब तक यह संसार रहेगा तब तक हम अवतार सखी
जहाँ रहेंगे वहीं बसेगा नन्दनवन गुलजार सखी

वेद, पुराण, कुरान, हमारे अन्तस्तल के मर्म सही
पत्थर से भी नेह लगाना, एक नेह ही धर्म सही
सही सभी बातें इस जग की, पाप-पुण्य दो कर्म सही
जब तक जीवन है तब तक तो काला, गोरा चर्म सही
अन्तस्तलवासी कहता है खुला स्वर्ग का द्वार सखी
जहाँ रहेंगे वहीं बसेगा नन्दनवन गुलजार सखी

दुर्लभ रे वह अमर लोक की सरस सुधा की धार यहाँ
लहराता लेकिन करुणा का गहरा पारावार यहाँ
सही मोह, भ्रम, मनोमोहिनी माया का विस्तार यहाँ
किन्तु, इसी माया के नभ में इन्द्र-धनुष से प्यार यहाँ
तुम हो, मैं हूँ और हमारा छोटा-सा संसार सखी
जहाँ रहेंगे वहीं बसेगा नन्दनवन गुलजार सखी

[मार्च, 1933]

अनुरोध

लो न सही चाँदी के टुकड़े
और रत्न के ये उपहार
लो न रुचिर कंचन की थाली
रत्न-जड़ित हीरे का हार
लो न रेशमी वस्त्र हमारे
भरो न अपना स्वर्णागार
लो न शीशियाँ मृदु सुगन्ध की
और सरस कचनार, अनार
लो न सही अनमोल विभव
पर, तुलसी-दल भी तो ले लो
कहीं न सूखे फिर तुलसी-दल
करुणा-जल भी तो ले लो

लालसा

देखा है तुमने मधुपों को
सुमनों से मधु ले जाते
देखा है तुमने पंछी को
चुन-चुन तरु के फल खाते
देखा है तुमने चकोर को
बिना चाँद के अकुलाते
देखा है तुमने केकी को
घन के नीचे सुख पाते

तुमने भी तो चक्खे होंगे
सभी सरस रस कितनी बार
यह तो कहो, लालसा रस है
या है रस कचनार, अनार

[मई, 1932]

आशंका

कहीं हृदय से रुला न डालें ये मेरे अरमान तुम्हें
दें न कहीं अपमान जगत में ये मेरे सम्मान तुम्हें
कर दे कहीं न वंचित सुख से यह छोटा-सा दान तुम्हें
ले बैठे न कहीं आखिर में यही जान-पहचान तुम्हें
यही एक आशंका भारी मुझे न करने देती प्यार
वैसे तो कब का न कर चुका तुम पर अपने को बलिहार

कारण

(1)

हो जायें हीरे के टुकड़े
यदि बालू धोते-धोते
मिल जाये निधि इस जीवन की
सारा धन खोते-खोते
पुलकित होवे पीछे यह तन
यदि पीड़ित होते-होते
मधुर मिलन हो फिर आखिर में
बिछुड़-बिछुड़ रोते-रोते

तो फिर खोऊँ क्यों न विभव सब
रगड़-रगड़ बालू धोऊँ
क्यों जग के ऐसे वियोग से
छन-छन सिसक-सिसक रोऊँ

[जून, 1932]

(2)

नन्ही-नन्ही फुलचुग्गी का अपने प्रति मंजुल रुनझुन
काले-काले जुल्फोंवो अलियों का धीमा गुनगुन
खोते में बैठे पंछी का बार-बार कहना सुनसुन
फिर भी भरती जाती है तू अंचल खिले सुमन चुनचुन
समझा मैं न अभी तक आली, तेरे भाव अनूठे हैं
कर लेगी क्या इनसे जब ये सुमन मधुप के जूठे हैं

मानी तब न हमारी बातें, आली तूने पिछली बार
गूँथ-गूँथकर बना लिया झट मंजु उन्हीं सुमनों का हार
जा पहुँची फिर वहाँ शीघ्र ही देने उनको यह उपहार
पर, किस्मत फूटी थी तेरी, हुआ न उनको यह स्वीकार
अब कहती है, क्या कारण है जो वे मुझसे रूठे हैं
कारण कुछ न, वही तो है, ये सुमन मधुप के जूठे हैं

राह देखता रहूँ जनम-भर, पर न तुम्हारा हो दर्शन
करता रहूँ चाह जीवन-भर, पर न मिलो तुम जीवन-धन
मैं समझूँ तुम मिल जाओगे पर धोखा खावे यह मन
मैं सोचूँ अब बस पाऊँगा, किन्तु अधूरा हो जीवन
तो फिर तुम्हीं बताओ, मुझको, कैसे लूँ उस जग का नाम
जहाँ एक होकर दो-दो दिल जीते हैं जीवन अभिराम

[अप्रैल, 1932]

मौलसिरी

उस दिन के वे फल लाल-लाल
रहती थी जिनसे लदी डाल
पकते रहते थे फल मंजुल
आया करते सुग्गे, बुलबुल
सुख पाते थे पत्ते हिल-डुल
करते हम भी क्रीड़ा मिल-जुल
था जिनसे यह जीवन निहाल
उस दिन के वे फल लाल-लाल

जब मिलते थे न पके मृदु-फल
खा जाता पहले ही खग-दल
तो तुझे न पड़ता था री कल
तू रहती थी दिन-भर चंचल
कहती चढ़ने को डाल-डाल
उस दिन के वे फल लाल-लाल

पंछी-1

रे पंछी, मंजुल बोल बोल
सुख मना मोद से कर किलोल
पक रहे सरस मंजुल रसाल
हैं पीले-पीले, लाल-लाल
फल-फूल, मुकुल से लदी डाल
झीलों में जल, जल में मृणाल
द्रुम में ये दाड़िम गोल-गोल
रे पंछी, मंजुल बोल बोल
निर्झर का जीवन ही झर-झर
गुंजार मधुर करते मधुकर
झीलों में खेलें जीवन-भर
हंसिनी-हंस निर्मल जल पर
तू भी अब अपनी चंचु खोल
रे पंछी, मंजुल बोल बोल
अब वह न यहाँ केवल अनार
जो खाते हो तुम बार-बार
अब तो मृदु द्रुम का भी दुलार
इस वन-भर का भी मधुर प्यार

फिर मधु मधुऋतु ने दिया घोल
रे पंछी, मंजुल बोल बोल
फूलों पर मधुपों का गुनगुन
फुलचुग्गी का मंजुल रुनझुन
सुग्गों का फल खाना चुनचुन
यह सब वन में लखलख, सुनसुन
कैसा मन जो उठता न डोल
रे पंछी, मंजुल बोल बोल

है उस दिन का वह कहाँ गान
वह राग मधुर, वह मधुर तान
जब जग में खोकर लाज, मान
करके अपना सर्वस्व दान
था बिका पपीहा बिना मोल
रे पंछी, मंजुल बोल बोल
जब बैठ नीड़ में, डालों पर
सुहला-सुहला चोचों से पर
गद्गद होकर आँसू भर-भर
कुछ गीत न गाया रे क्षण-भर
तो इस जीवन का कुछ न मोल
रे पंछी, मंजुल बोल बोल
लहराता आता है यौवन
मिलता जग को सोने का तन
चाँदी का मन, जीवन का धन
है वही यहाँ का रे जीवन

फिर क्यों मन मारे आज बोल
रे पंछी, मंजुल बोल बोल
पंछी, न माँग तू कभी मोल
बस, मधुर बोल रे मधुर बोल
दो-चार रजत गिन्नियाँ गोल
क्या तेरा-मेरा यही मोल
फिर व्यर्थ करें क्यों मोल-तोल
रे पंछी, मंजुल बोल बोल

[अगस्त, 1932]

मोती

बार-बार कहती हो आली
जिन मोती को तुम अनमोल
जो ज्योतित हैं, जो सुन्दर हैं
जिनका मुखड़ा मंजुल गोल
पाते हैं मुश्किल से जिनको
गोताखोर टटोल-टटोल
लाई हो उन मोती को अब
खुद चाँदी से लेकर मोल
ला दो मोल कहीं से फिर तुम
मुझको भी वैसे मोती
इन आँखों की गहराई में
रहते हैं जैसे मोती

[अप्रैल, 1932]

करुणा

बिछुड़े की साथी बनकर जग में रहती है करुणा
सुख यहाँ और ही पाते, पर दुख सहती है करुणा
सहकर भी इतने दुख रे, क्या कुछ कहती है करुणा
बस सींच दुखी का बिरवा घर-घर बहती है करुणा

पीड़ित मन की थोड़ी-सी पीड़ा हरती है करुणा
इस जग में बोझ दुखी का कुछ कम करती है करुणा
अन्तर की गागर इतना छल-छल भरती है करुणा
हलका-सा धक्का लगते दृग से झरती है करुणा

दिल की ठंडी आहों से पल में गलती है करुणा
क्या कभी किसी को दुख में पाकर छलती है करुणा
अन्तर की आग बुझाने घर से चलती है करुणा
निशिदिन सिरहाने बैठी पंखा झलती है करुणा

समझो न धनी के घर है, आती कंचन से करुणा
कहने से, कहलाने से आती बन्धन से करुणा
करुणा तो कठिन, सहज ही आती बिछुड़न से करुणा
रहती है भीतर मन में, आती लोचन से करुणा

दिन-रात लगा आती है घर-घर की फेरी करुणा
है सबके घर करुणा पर करती है देरी करुणा
हूँ एक दुखी मैं जग का, दुखिया की चेरी करुणा
इस घर में दो ही तो रे मैं हूँ, बस मेरी करुणा

[अप्रैल, 1933]

मधु

(1)

चहक उठा तम के हटते ही पंछी अपने घर में
बजने लगी मधुर शहनाई नीड़ों में, तरुवर में
लोचन खुले मधुकरी के जब सोते-सोते देखा
दूर क्षितिज में कहीं-कहीं पर खिंची उषा की रेखा
बोली मधुकर से, ऐ राजा, जागो हुआ सबेरा
लगे मधुप कुंजों में देने घूम-घूमकर फेरा
किन्तु पड़ा है रीता उपवन कलियाँ खिलीं न वन में
ले आओ मधु, जाओ राजा, किसी तरह मधुवन में
इधर-उधर देखा लोचन से, मधुकर उठा शयन से
पाँख खोल, परदेस चल पड़ा बहुत दूर निज वन से
चलते-चलते बोला, रानी, जल्दी ही आऊँगा
अबकी बार अवश्य पात्र यह मधु से भर लाऊँगा

(2)

बहुत दूर उड़कर मधुवन में पहुँचा कुंज-विहारी
देख गया सारी फुलवारी, वन की क्यारी-क्यारी

किन्तु, मिला न एक भी हँसता सुमन उसे वन भर में
बैठी थी मधुपों की टोली आशा में, तरुवर में
भीतर ही रहती थीं कलियाँ मुँह पर पर्दा डाले
बाट जोहते थे आँगन में उन्हें चाहने वाले
बहुत दिनों के बैठे मधुकर प्यासे थे, भूखे थे
तब के मोटे अब पतले थे, दुबले थे, सूखे थे
टो-टोकर वन का तरु-पल्लव बोला मधुकर मन में
कुछ ही दिन पर आ जायेगी मधुऋतु इस कानन में
तब तक बैठूँ आस लगाये मैं भी वन-तरुवर में
फिर तो ले जाऊँगा ही मधु भरकर अपने घर में

(3)

एक दिवस देखा मधुकर ने विहँस रही थीं कलियाँ
गम-गम गमक रही थीं वन की सौरभ-सुरभित कलियाँ
तरुवर के सुन्दर महलों में पत्तों के आँगन में
इठलाती थीं तब की कलियाँ मस्ती में, यौवन में
डूब-डूबकर रस पीते थे, मधुकर मधु लेते थे
खिले सुमन भी मुक्त हस्त हो उन्हें दान देते थे
वह भी घूमा झूम-झूमकर वन की गली-गली में
चलता चला मधुर मधु पहले हँसती कली-कली में
मध्य विपिन के एक कुंज था जो मधुपों से खाली
लदी हुई थी सरस सुमन से जिसकी डाली-डाली
कर-कर याद प्रिया की, घर की भावी, सुख की मन में
डूब-डूबकर लगा पात्र में मधु भरने छन-छन में

(4)

मधुवन-भर से मीठा मधु ले मधुकर उड़ा गगन में
लहरे मार रही थीं उसकी मधुर उमंगें मन में
सोचा अब जल्दी ही जाकर रानी को मधु दूँगा
कर आलिंगन फिर स्नेह से उसका चुम्बन लूँगा
कैसा होगा तब यह जीवन, जीवन की वे घड़ियाँ
जब तैरेंगी लहर-लहर पर दो कंठों की कड़ियाँ
नभ के नीचे हरियाली में जब हम मधु पीयेंगे
मधु खायेंगे, मधु पीयेंगे, मधु से ही जीयेंगे
संध्या होते कंठों होते पहुँचा तीर एक सरिता के
थकन दूर करने के हित वह बैठा तट पर जाके
इतने में आ पहुँची आँधी जोरों की उस छन में
मधुप गिरा लुढ़की मधु-प्याली तट के बालू-कन में

(5)

संध्या आकर चली गई थी, अब रजनी आती थी
नील गगन में एक तारिका बैठी मुस्काती थी
शीतल, मंद बयार डाल से गले-गले मिलती थी
पुलकित होते थे तरुवर; पत्ती-पत्ती हिलती थी
करती थी मधुकरी प्रतीक्षा बैठी निज मधुकर की
आये क्यों न अभी तक राजा, भूले क्यों सुधि घर की
इतने में पहुँची पाँखों की ध्वनि उसके कानों में
नाच उठी मीठी-सी आशा दिल के अरमानों में
आते ही मधुकर से बोली, 'राजा!' घर की रानी

‘रानी’ कहते-कहते ही थक गई मधुप की बानी
बड़े दर्द से बोला फिर वह भर आँखों में पानी
‘यही मधुर मधु मधुवन का है ले ले मेरी रानी’

[जून, 1931]

हिलोर

पवन की शीतल मृदुल हिलोर
सजनि, कर देती मुझे विभोर
तितलियाँ भोली-सी नादान
कुंज में गाती फिरतीं गान
कहीं से आ-आकर अनजान
पकड़तीं उसको साँझ-विहान
रेशमी किरणों की ले डोर
पवन की शीतल, मृदुल हिलोर
नीड़ में पंछी उठता बोल
झाँकता बाहर खिड़की खोल
पात तरु-तरु के उठते डोल
लताएँ लोल, लताएँ लोल
कुंज में जब घुस आती चोर
पवन की शीतल, मृदुल हिलोर
वनों में कर कुछ देर विहार
प्रकृति की सुन्दर छटा निहार
सुमन से संचित कर मृदु प्यार
खोल चुपके निकुंज के द्वार

चली आती है मेरी ओर
पवन की शीतल, मृदुल हिलोर

पड़ा रहता हूँ दुख में दीन
शिथिल, दिन-रात सोच में लीन
पोंछ आँसू, कर चिन्ता-हीन
मुझे देती उत्साह नवीन

किसी के अंचल की मृदु छोर
पवन की शीतल, मृदुल हिलोर

[जून, 1933]

पंछी-2

गाते हैं दिन-दिन-भर मधुकर
गाती है तितली छन-छन कर
गाता सारा जग जीवन-भर
पर, मीठा तो पंछी का स्वर

उड़ती मछली जल के भीतर
उड़ती तितली तृण के ऊपर
और पतंगें उड़तीं नभ पर
पर, कोमल तो पंछी का पर

गिलहरियाँ रहतीं वृक्षों पर
मधुपों से भर जाता तरुवर
बस जाते हैं तरु के कोटर
पर, सुन्दर तो पंछी का घर

मंजुल कलकल कर सरिता-सर
मंजुल छलछल कर वन-निर्झर
कहती हवा लोरियाँ देकर
'पंछी सुन्दर, पंछी सुन्दर'

हरी घास

प्रभु की असीम करुणा कुछ-कुछ होती है अब रे मुझे भास
सुख, सुषमा, शोभा, सुन्दरता बिखरी हैं मेरे आस-पास
फिर मुक्त कंठ से इन सबका गुण-गान मधुर मैं करूँ क्यों न
दी बिछा उसी ने इसीलिए मेरे आँगन में हरी घास

घासों के क्रीड़ा-स्थल में करते मनुष्य निशि-दिन विलास
यह घास विहग की बोली में भर देती है कितनी मिठास
जानता कहाँ, कैसे, कब मैं, है जीवन इतना मधुर-मधुर
जो उगा न देता वह प्रभु रे मेरे आँगन में हरी घास

रहता हूँ मैं इस वसुधा में, ढक देती है तन को कपास
जल से, समीर से, पावक से यह जीवन पाता है हुलास
देते हैं खिला-खिला मुख को ये उपवन के गेंदे, गुलाब
पर, हृदय हरा करनेवाली मेरे आँगन में हरी घास

इन घासों पर लेटे-लेटे क्यों हूँ, निराश, चिन्तित, उदास
चाहिए सदा सरिता-समान करना इस जीवन-भर प्रयास
करके प्रयत्न फिर उगा सकूँगा क्यों न हृदय में विमल प्रेम
जब बिना यत्न के उगती है मेरे आँगन में हरी घास

कितने लाते मंजुल मोती सागर से नित करके प्रयास
कितने चुनते हैं बालू में हीरे सागर के आस-पास
मैं इन रत्नों के लिए व्यर्थ क्यों दौड़-दौड़कर करूँ यत्न
भर लाती है जब ओस-बूँद मेरे आँगन में हरी घास

मुरझा जाते हैं फूल तुरत होते ही कलियों का विकास
सारा उपवन का उपवन ही हो जाता है छन में उदास
पर, सदा रहूँगा जीवन में मैं मुसकाता, गाता, प्रसन्न
ऐसी ही थी, वैसी ही है मेरे आँगन में हरी घास

यह घास नहीं, है पनप उठी मेरे जीवन की मधुर आस
मैं तो रहता हूँ महलों में, पर प्राण वहीं करते निवास
बस गया यहाँ तो गलती से उस प्रभु की; सुन्दर, सुखद, स्वर्ग
क्या समझ लगा दी थी उसने मेरे आँगन में हरी घास

[अप्रैल, 1933]

पीपल

कानन का वह तरुवर पीपल
युग-युग से जग में अचल, अटल
ऊपर विस्तृत नभ नील-नील, नीचे वसुधा में नदी, झील
जामुन, तमाल, इमली, करील
जल से ऊपर उठते मृणाल फुनगी पर खिलते कमल लाल
तिर-तिर करते क्रीड़ा मराल
ऊँचे टीले से वसुधा पर, झरती है निर्झरिणी झर-झर
हो जाती बूँद-बूँद झरकर
निर्झर के पास खड़ा पीपल, सुनता रहता कलकल-छलछल
पल्लव हिलते ढलपल-ढलपल
पीपल के पत्ते गोल-गोल
कुछ कहते रहते डोल-डोल
जब-जब आता पंछी तरु पर, जब-जब जाता पंछी उड़कर
जब-जब खाता फल चुन-चुनकर
पड़ती जब पावस की फुहार, बजते जब पंछी के सितार
बहने लगती शीतल बयार
तब-तब कोमल पल्लव हिल-डुल, गाते सरसर, मर्मर मंजुल
लख-लख, सुन-सुन विह्वल बुलबुल

बुलबुल गाती रहती चह-चह, सरिता गाती रहती बह-बह
पत्ते हिलते रहते रह-रह

जितने भी हैं इसमें कोटर
सब पंछी, गिलहरियों के घर
सर्स मर्म गाते हैं
संध्या को जब दिन जाता ढल, सूरज चलते हैं अस्ताचल
कर में समेट किरणें उज्ज्वल
हो जाता है सुनसान लोक, चल पड़ते घर को चील, कोक
अँधियाली संध्या को विलोक
भर जाता है कोटर-कोटर, बस जाते हैं पत्तों के घर
घर-घर में आती नींद उतर
निद्रा ही में होता प्रभात कट जाती है इस तरह रात
फिर वही बात रे वही बात
इस वसुधा का वह वन्य प्रान्त
है दूर, अलग एकांत, शान्त
हैं खड़े जहाँ पर शाल, बाँस, चौपाये चरते नरम घास
निर्झर, सरिता के आस-पास
रजनी भर रो-रोकर चकोर, कर देता है रे रोज भोर
नाचा करते हैं जहाँ मोर
है जहाँ वल्लरी का बन्धन, बन्धन क्या,वह तो आलिंगन
आलिंगन भी चिर-आलिंगन
बुझती पथिकों की जहाँ प्यास, निद्रा लग जाती अनायास
है वहीं सदा उसका निवास

किरण

चलती है कितना मन्थर
तिरछी विद्युत-रेखा-सी
आती है वह मेरे घर
नक्षत्र-लोक की वासी

संध्या को गले-गले मिल
भर रात अलग होते हैं
रजनी की गोदी में रे
थककर सुख से होते हैं

फिर जाग भोर में मेरे
सिरहाने आ जाती है
मैं अभी आँख ही मलता
वह लख-लख मुस्काती है

मैं जहाँ चला जाता हूँ
वह वहीं खड़ी रहती है
सागर की लहर-लहर से
हिलमिल रहती बहती है

खेलती नदी में दिन-भर
खोजा करती कुछ वन में
खर में, तरु में, नीड़ों में
पंछी के कोमल तन में

उठ करके बड़े सबेरे
जल में नौका खेती है
गुदगुदा सुप्त कमलों को
वह हँसा-हँसा देती है

आता है नभ में बादल
वह उड़ जाती है ऊपर
चढ़कर उस नरम रुई पर
घूमा करती दिन-दिन भर

जब-जब मधु ऋतु आती है
वह मधु में सन जाती है
पीले, नीले फूलों में
सुन्दर रंग बन जाती है

जब थककर घर आता हूँ
पड़ जाता हूँ शैया पर
फिर भी वह साथ न छोड़े
झाँका करती रह-रहकर

जब फल पकने लगते हैं
आती घन से छन-छन के
अंगूर अनार सभी में
रह जाती रस बन-बन के

वह मणि रत्नों की आभा
है विमल ज्योति आँखों की
वह जीवन रे लाखों की
गति पैरों की, पाँखों की

जब तक बिछुड़ी रहती वह
तब तक व्याकुल मेरा मन
करता हूँ जब आलिंगन
मिलता तब मुझको जीवन

वह विहग-कंठ की कलरव
मन की विभूति वह प्यारी
संगिनी एक वह मेरी
जग की वह किरण कुमारी

जगमग है इससे वसुधा
घर मेरा, आँगन मेरा
वंचित रे महल न कोई
दुखिया का कोई डेरा

यह जो कुछ है इस जग में
वह सभी इसी की माया
है इसके बिना कहाँ
वह तरु की शीतल छाया

[फरवरी, 1933]

सरिता

यह लघु सरिता का बहता जल
कितना शीतल, कितना निर्मल
हिमगिरि के हिम से निकल-निकल
वह विमल दूध-सा हिम का जल
कर-कर निनाद कलकल-छलछल
बहता आता नीचे पल-पल
तन का चंचल, मन का विह्वल
यह लघु सरिता का बहता जल
निर्मल जल की यह तेज धार
करके कितनी शृंखला पार
बहती रहती है लगातार
गिरती उठती है बार-बार
रहता है तन में इतना बल
यह लघु सरिता का बहता जल
एकान्त प्रान्त निर्जन-निर्जन
यह वसुधा के हिमगिरि का वन
रहता मंजुल मुखरित छन-छन
लगता जैसे नन्दन कानन

करता है जंगल में मंगल
यह लघु सरिता का बहता जल

करके मरु मूलों का सिंचन
लघु जल-धारों से आलिंगन
जल-कुंडों में करके नर्तन
करके अपना बहु परिवर्तन
आगे बढ़ता जाता केवल
यह लघु सरिता का बहता जल

ऊँचे शिखरों से उतर-उतर
गिर-गिर गिरि के चट्टानों पर
कंकड़-कंकड़ पैदल चलकर
दिन-भर, रजनी-भर, जीवन-भर
धोता वसुधा का अंतस्तल
यह लघु सरिता का बहता जल

मिलता है इसको जब पथ पर
पथ रोके खड़ा कठिन पत्थर
आकुल, आतुर, दुख से कातर
सिर पटक-पटककर रो-रोकर
करता है कितना कोलाहल
यह लघु सरिता का बहता जल
हिम के पत्थर वे पिघल-पिघल
बन गये धरा के वारि विमल

सुख पाता जिससे पथिक विकल
पी-पीकर अंजलि भर मृदु जल
नित जलकर भी कितना शीतल
यह लघु सरिता का बहता जल

कितना कोमल, कितना वत्सल
रे जननी का वह अन्तस्तल
जिसका यह शीतल करुणा जल
बहता रहता युग-युग अविरल
गंगा, यमुना, सरयू निर्मल
यह लघु सरिता का बहता जल

[अक्तूबर, 1932]

मंसूरी की तलहटी

(1)

ऊपर की मनहर मंसूरी करती निशिदिन नभ में विलास
नीचे की सुन्दर मंसूरी करती है जंगल में निवास
साथ में स्वर्ग की छटा लिए वह नीचे-नीचे आती है
बिछ जाती है आँगन में फिर बन-बनकर कोमल हरी घास

(2)

निर्मल शीतल सरिताओं का ऊपर ही होता है उद्‌भव
इस सघन शाल के जंगल में लहराते हैं कोमल पल्लव
तलहटी जहाँ मंसूरी की है वहाँ सदा हरियाली रे
उस हरियाली में होते केवल कोमल क्रीड़ा, कलरव

(3)

पकते हैं बेर रसीले रे कल-कल निनादिनी के तट पर
चंचल सरिता आगे बढ़ती है पाँव हमारे छू-छूकर
जाते हैं बैठ पथिक प्यासे थक-थककर वन में, छाया में
खोजते उन्हें आ जाता उनकी अंजलि में शीतल निर्झर

(4)

ये इतनी-सी सरितायें, पर कितनी विह्वल, कितनी चंचल
रखती है अपनी करुणा से निशदिन शीतल वन का अंचल
कुछ देर बैठ जाता हूँ मैं जंगल ही इसे समझ करके
पर, अनजाने ही भींग-भींग जाता है मेरा अन्तस्तल

(5)

हैं आस-पास वन में बिखरे कितने कुटीर रे कई गाँव
खेलते यहाँ आँगन में हैं मानव-स्वभाव के मधुर भाव
संगीत मधुर इनके जीवन का, गाय-भैंस की घंटी में
लौकी के चौड़े पातों में लहराते इनके मनोभाव

(6)

तलहटी यही मंसूरी की है जहाँ वनों में सघन शाल
हैं जहाँ चाय के भरे बाग, हैं जहाँ धान के हरे बाल
लगते सुन्दर काँटेवाले भी यहाँ करौंदा के निकुंज
तलहटी वही मंसूरी की देहरादून जिससे निहाल

(7)

फूटा है मेरा कंठ यहीं रे निर्मल निर्झर के समान
सीखा है मैंने यहीं तीर पर सरिता के मृदु सरल गान
सिखलाया है नित यहीं मुझे पंछी ने उड़ना पाँख खोल
है हुआ यहीं क्रीड़ा निकुंज में मेरे जीवन का विहान

[अप्रैल, 1933]

बेर

देहरादून के मधुर बेर
जंगल में मिलते ढेर-ढेर
सामने खड़ा ऊँचा पहाड़
है गर्मी में भी यहाँ जाड़
फैली जंगल में घनी झाड़
हैं बेर नदी की आड़-आड़
पड़ता लाने में बड़ा फेर
देहरादून के मधुर बेर

जब आता है रे शरद् काल
लदती बेरों से डाल-डाल
लख पीले-पीले लाल-लाल
हो जाती मंसूरी निहाल

थकते न नयन ये हेर-हेर
देहरादून के मधुर बेर
पैने काँटे नित बिछा जाल
रहते चौकस नोकें निकाल

फिर भी हाथों से झुका डाल
तोड़ते बेर, भरते रूमाल
रह जाते काँटे घेर-घेर
देहरादून के मधुर बेर

है जंगल में इनका प्रवास
इसलिए नहीं इनमें सुवास
पर, बिना किये कुछ भी प्रयास
पा जाते ये कैसे मिठास

करते पसंद जो धन-कुबेर
देहरादून के मधुर बेर

यदि छोड़ सेव किशमिश अनार
उनको चखने का हो विचार
तो ला-ला वन से बार-बार
सुख से अपार यों ही उधार

दूँ मैं बिखेर रे कई सेर
देहरादून के मधुर बेर

[दिसम्बर, 1932]

झलक

[काशी के धरहरे पर से]

सामने पुरी काशी की रे संकीर्ण, सघन, सुन्दर अपार
नीचे प्रयास से आ-आकर, कर जाती है गंगा दुलार
मैं खड़ा यहाँ पर उत्सुक हो इस बेला सब-कुछ देख रहा
पर, नहीं मानती, हठ करती, खींचती मुझे चंचल बयार

देखो, वह वन की हरियाली आ रही इधर अंचल पसार
रुक गई किन्तु, यह रेत देख, रह गई राह में उसी पार
कब आती है, कब बिछती है मेरे आँगन में हरियाली
इस आशा में धरहरा रहा रे अपलक नयनों से निहार

दीखता यहाँ से बौद्ध स्तूप, है कहीं पास ही में विहार
है वही हमारा सारनाथ, ऋषिपत्तन, वरुणा की कछार
बहती होगी फिर वहीं कहीं अब भी वैसी ही मंद-मंद
वसुधा की करुणामयी, सरल वरुणा की लघु-लघु विमल-धार

सामने महल हैं बड़े-बड़े जिनके भीतर और ही लोक
हैं जहाँ बंद जग के सुख-दुख, करुणा, उमंग, आनंद, शोक

इस ओर छतों से, खिड़की से हैं ताक रहे कितने लोचन
मैं एक अपरिचित होकर भी सुख पाता हूँ इनको विलोक

हैं यहाँ कहाँ वे वन-विहंग, हिमगिरि के जल के विमल स्रोत
है अमरपुरी काशी की यह, उड़ जाते उड़ आते कपोत
धरहरा यही इनका निवास सुख से करते थे जहाँ केलि
हो रहा जहाँ मेरा मन भी कोमल भावों से ओत-प्रोत

वह राजघाट का पुल विशाल जिस पर होकर जा रही रेल
रे क्या न किया इस मानव ने करके श्रम, श्रम में कष्ट झेल
अपने इस लघु जीवन में भी हो जाता यह कितना प्रवीण
वसुधा के विस्तृत आँगन में विधि की गुड़ियों से खेल-खेल

इस शान्त अचंचल गंगा में हैं खेल रही रे कई नाव
ऐसे ही मेरे मन में भी क्रीड़ा करते हैं मधुर भाव
ऐसे ही इस भव-सागर में खेला करता यह लघु जीवन
सागर की चंचल लहरों में बह जाते हैं सारे अभाव

मैं रहा आज क्षण-भर निहार जग के जीवन का रंग, रूप
इतने ऊँचे से दिखता है इसका कितना सुन्दर स्वरूप
सुख-दुख के सुन्दर मिश्रण से यह बना जगत कैसा अपूर्व
कण-कण इसका जैसा अनूप क्षण-क्षण इसका वैसा अनूप

[जून, 1933]

नौका-विहार

जीवन में क्षण-क्षण कोलाहल, ज्यों सुख त्यों दुख, सुख-दुख समान
आती संध्या जाता विहान, जाती संध्या आता विहान
इसलिए जगत में दो ही तो कुछ शान्ति कभी देनेवाले
है प्रकृति की मृदुल गोद, दूसरा प्रेम का मधुर गान

आ गये घाट पर इसलिए, कुछ करने को मन में विचार
इस संध्या में हो गंगा में हौले-हौले नौका-विहार
फिर गंगा-सी ही मृदुल, सरल मेरी कविता की धार बहे
आनन्द तनिक पावें जिसमें वे कविता के प्रेमी उदार

हम बैठ गये हैं अगल-बगल, चलती है नौका मंद-मंद
इस रुँधे कंठ से निकल-निकल अब गूँज रहे हैं मधुर छन्द
वे सरल गान, शीतल समीर छू रहे आज अन्तस्तल को
बस एक डाँड़ के खेते ही खुल गये हृदय के द्वार बन्द

वह शान्त-स्निग्ध मंजुल बेला, इस समय रात का प्रथम प्रहर
उस पार तिमिर, इस पार तिमिर, उस पार रेत, इस पार शहर
हम बीच धार में मचल-मचल कर रहे आज क्रीड़ा, कलरव
झिलमिल प्रकाश में दीपों के हैं थिरक रहीं रे लहर-लहर

कितनों को अपने जीवन के गत सुख के दिन हो रहे याद
हैं भूल गये कितने अपने इस जीवन के उलझे विवाद
फिर नाच रहे हैं झूम-झूम कितने मानस के मुग्ध मोर
हूँ सुना रहा मैं हृदय खोल अन्तस्तल का कोमल निनाद

किसके जीवन में नहीं कभी रे किसी बात का कुछ अभाव
किसका इस जग में नहीं विलग है औरों से अपना स्वभाव
हम खेल रहे हैं नाव लिए, है हृदय-हृदय का आलिंगन
ये और, और मैं, और सभी, पर आज हृदय में एक भाव

होता है दर्पण-सा निर्मल गंगा के जल का अन्तस्तल
आनन्द परम पा रहे मीन इस जल के ऊपर उछल-उछल
चंचल कपोत-से लहरों पर उड़-उड़कर जो थे खेल रहे
बैठे कोटर में भीग-भीग अब पाँखों से वे नयन सजल

यह क्रीड़ास्थल कुछ ऐसा है, बे घन के ही पड़ती फुहार
लहरों के लहरे अंचल से लहराते हैं करुणा, दुलार
इस वसुधा में है बहता जल शीतलता का साकार रूप
फिर उस पर यह ठंडी बयार, हलकी हिलोर, नौका-विहार

[जून, 1933]

देहात

यही है जग का न्यारा देश
देश का यही प्रान्त वीरान
यही है दलितों का संसार
यहीं पर रहते हैं भगवान
फूस का यहीं बसा घरबार
प्रकृति का यहीं सदन अभिराम
यही है सब तीर्थों का तीर्थ
यहीं पर नर देवों का धाम

बुद्ध के यहीं विचरते प्राण
यहीं करती मनुष्यता वास
यही वह दिव्य प्रेम का लोक
रहा है जहाँ सत्य विश्वास
नाचता है चर्खे का चक्र
यहीं काते जाते हैं तार
बचाते जो जननी की लाज
बँधा जाता जिनसे संसार

टपकते हैं तारों से धैर्य्य
छतों पर छलनी-सी हर रात
मरे को देने जीवन-दान
यहीं पर आती है बरसात

फाड़कर छप्पर को भगवान
यहीं पर देते हैं वरदान
यहीं रहता है खुश अरमान
यहीं बसता सच्चा अभिमान

यहीं बहती है अविरल धार
शान्ति की घर-घर पर दिन-रात
चाँदनी मृदु आशा की यहीं
सजाती है रजनी का गात

सुनाने आती घर-घर उषा
अमर जीवन का शुभ संदेश
बोलकर यहीं पवन का बोल
कुशल पूछा करते सर्वेश

प्रकृति की गोदी में नित यहीं
भरा करता बचपन किलकार
किया करता जिन पर संसार
निछावर अपने को सौ बार

जवानी रहती है मद मस्त
छेड़ती है 'विरहा' की तान
दिखाता यौवन अपना रंग
बुढ़ापा करता है अभिमान

घूमते फिरते हैं हर ओर
यहीं पर 'तुलसी' और 'कबीर'
यहीं सुन 'सूरदास' की तान
ढुलक जाता आँखों से नीर
जवानी के हाथों से नित्य
यहीं पड़ती ढोलक पर ताल
बजाकर यहीं बाँसुरी मधुर
नाचते फिरते हैं गोपाल
खंडहर हैं अतीत के यहीं
पुरातनता की जीवित याद
आज का भारत यह बरबाद
यहीं है किसी तरह आबाद

धूनियों पर, पुआल पर बैठ
यहीं पर लगता है दरबार
सरलता विहँस दिखाती खेल
सरसता विहँस पिलाती सार
जगत में गांधी केवल एक
और वह ईसा का अवतार
यहाँ बसते हैं किन्तु अनेक
और ये सब मानव-अवतार
यहीं के खेतों में उत्पन्न
हुआ करता है मधुर स्नेह
धूल में लोट-लोट कर यहीं
हुआ करती सोने की देह

यहीं बसता था भारतवर्ष
यहीं रहता है हिन्दुस्तान
प्रकृति से मिलते हैं चुपचाप
यहीं हिन्दू, मुस्लिम, क्रिस्तान
धूल बिकती सोने के मोल
यहीं आबाद फूल, खर, पात
यही दुनिया भोली-सी सरल
इसी को कहते हैं देहात

[फरवरी, 1932]

नन्दनवन

माँ, मेरी इस फुलवारी में कब तरुवर होवेगा
जब तू अपने ही हाथों से यहाँ बीज बोवेगा
सुन्दर-सुन्दर फूल खिलेंगे कब माँ, फिर तरुवर में
जब तू तरु को सींचेगा नित संध्या में दोपहर में
कब आकर भौंरे फूलों पर फिर गुंजार करेंगे
जब हँस-हँसकर फूल निकुंजों को गुलजार करेंगे
डाल-डाल पर फिर उड़-उड़कर कब कोयल बोलेगी
जब तेरी नन्ही-सी क्यारी फुलवारी हो लेगी
फिर मेरी इस फुलवारी में कब बसन्त आवेगा
जब तरुवर के पात-पात पर पंछी बस जावेगा
खेल खेलने का उपवन में कब मेरा मन होगा
यह छोटा-सा हँसता उपवन जब नन्दनवन होगा
फिर मेरा यह उपवन वैसा नन्दनवन कब होगा
जब चाहेगा, जब खोजेगा, तेरा मन तब होगा

[मार्च, 1932]

क्रीड़ा

क्रीड़ा ही बचपन का जीवन
खिल उठता जिससे शिशु का मन
जैसा गिरि का निर्झर निर्मल
जैसा वन की सरिता का जल
जैसा उपवन का पंछी-दल
स्वच्छन्द, मुक्त, हर्षित, चञ्चल
वैसा ही शिशु, वैसा बचपन
क्रीड़ा ही बचपन का जीवन
इमली, रसाल, बरगद, पीपल
इन तरुओं की छाया शीतल
मखमली, हरा, कोमल-कोमल
जग के आँगन का दूर्वा-दल
बस यहीं फुदकता कोमल तन
क्रीड़ा ही बचपन का जीवन
चाँदनी रात में उछल-उछल
क्रीड़ा करता है जब शिशु-दल
सुन-सुन इनका कलरव उस पल
आती बाहर तारिका निकल

कितना सुन्दर वह छवि-दर्शन
क्रीड़ा ही बचपन का जीवन

[अक्तूबर, 1932]

बसन्त

बहुत दिनों के बाद आज ही
मेरी मधुऋतु आई
आज कली मेरे जीवन की
जीवन में खिल पाई

हँस पाईं मिलकर आपस में
मेरी अमर उमंगें
उठ पाईं ऊँचे अम्बर तक
निधि की लोल तरंगें

भरा आज ही मानसरोवर
मीठे निर्मल जल से
हुआ आज ही कानन मुखरित
सरिता के कल-कल से

अहा, आज इस जीवन में
नन्दनवन फूल रहा है
मस्ती के पलने पर मेरा
यौवन झूल रहा है

अहा, आज की मधुबेला में
मैं सुख से मिल पाया
पथ के ठोकर खाने वाले
पत्थर ने दिल पाया

धरती पर तप करने वाले
तरुओं ने फल पाये
सिर धुन-धुनकर रोने वाली
वसुधा ने कल पाया

पाया प्रेम हृदय ने, आँखों
ने करुणा-जल पाया
जनम-जनम का लंगड़ा जीवन
आज खड़ा चल पाया

मेरे जीवन के गीतों में
आज मधुरता आई
आज चमेली की झाड़ी में
फूल पड़ा दिखलाई

[मार्च, 1932]

होली

ऋतु बसन्त की, दिन फागुन के
मधुबेला जीवन की
मधुर घड़ी हँसते यौवन की
दुनिया अपने मन की

रंग खेलने के दिन ये ही
और आज होली है
आज हमारे लिए प्रकृति ने
अपनी निधि खोली है

एक बार फिर हो ले होली
हँस दे यौवन भोला
रँग लें आज बसंती रंग में
अपना-अपना चोला

बचपन, जरा, विहँसता यौवन
हो-हो कर मस्ताना
खेलें होली मिल आपस में
गावें मीठा गाना

दुनिया खेले होली जीवन
पर केसर पड़ती हो
लिए गुलाल मधुर अभिलाषा
यौवन से लड़ती हो

जगती के आँगन में खेलें
रंगभरी पिचकारी
जिसके रंग से रँग जायें सब
राजा और भिखारी

मस्ती झूम रही हो मन में
यौवन झलके तन में
सारा विश्व समाया दीखे
अपने अपनापन में

ऐसी होली के ही रंग से
क्षितिज लाल हो जाये
लाली यही अधर पर मलमल
उषा सदा मुस्काये

[मार्च, 1932]

मधुऋतु-1

(1)

अयि मधुऋतु, तू आने लगती जब मेरे मधुवन में
सूखे पेड़ हरे हो जाते
मुरझाये पल्लव तन जाते
भौरे बिसरी कड़ियाँ गाते आ-आकर उपवन में
अयि मधुऋतु, तू आने लगती जब मेरे मधुवन में

(2)

अबि मधुऋतु, तू आ जाती है जब मेरे मधुवन में
डाल-डाल पर फूल विहँसते
पात-पात पर पक्षी बसते
मधुवन के कण-कण हैं हँसते अपने नव यौवन में
अयि मधुऋतु, तू आ जाती है जब मेरे मधुवन में

(3)

अयि मधुऋतु, तू बस जाती है जब मेरे मधुवन में
गाती कोयल पंचम स्वर में
होता मंगल है घर-घर में

वसुधा में, नीले अम्बर में, रम्य प्रकृति के मन में
अयि मधुऋतु, तू बस जाती है जब मेरे मधुवन में

(4)

अयि मधुऋतु, तू हँस देती है जब मेरे मधुवन में
जगते हैं सोये अरमान
मिलता है नव जीवन-दान
ऊँची उठती जाती तान मस्ती के गायन में
अयि मधुऋतु, तू हँस देती है जब मेरे मधुवन में

(5)

अयि मधुऋतु, तू नाचा करती जब मेरे मधुवन में
विश्व-सुन्दरी गाना गाती
पत्ती-पत्ती ताल मिलाती
नई जवानी हँसती आती जगती के आँगन में
अयि मधुऋतु, तू नाचा करती जब मेरे मधुवन में

मधुऋतु-2

अयि मधुऋतु, मधुमास यही है
आ मेरे मधुवन में
तन में, मन में इस जीवन में
आ मेरे यौवन में

मानस के कोने-कोने में
आ मेरे प्राणों में
आ यौवन की इस मस्ती में
मस्ती के गानों में

नस-नस में, नाड़ी-नाड़ी में
सोये अरमानों में
आ बरसों से इस जीवन में
कुचले अभिमानों में

आ जल्दी मेरी कविता में
यौवन की क्रीड़ा में
जीवन की ब्रीड़ा-ब्रीड़ा में
पीड़ा की पीड़ा में

फिर से सारे नन्दनवन को
आ जा आज सजाते
पल-पल पर मन हरनेवाली
वीणा मधुर बजाते

अपने हाथों रँग दे मेरा
आज बसंती चोला
निखर उठे अब, चमक उठे अब
मेरा यौवन भोला

निकल आएँ कलियाँ बाहर फिर
विहँस फूल हो जावें
इस मधुवन की डाली-डाली
ही कानन हो जावें

भौंरों का गुंजार सुन पड़े
गावें पंछी मन से
नित्य पवन आकर ले जायें
सौरभ इस मधुवन से

पत्तों की खिड़की से कोयल
मीठी बोली बोले
मेरे मधुवन की सुन्दरता
दिल की खिड़की खोले

देखे-देख डाली-डाली में
फूलों का मृदु हँसना
खुश हो नाचे विश्व-सुन्दरी
प्रिय बासंती वसना

भरा सरोवर हो मधुवन का
कमलों का उद्‌भव हो
क्रीड़ाक्षेत्र बने जगती यह
कलरव हो, मृदुरव हो

निर्मल जल पर खिले कमल से
किरणें खेल रही हों
चारु चाँदनी रजनी में
आनन्द उड़ेल रही हो

जीवन-भर खेले जल ही में
युगल मराल-मराली
सजे विहंगों के निवास से
तरु की डाली-डाली

आवे उषा विहँस आँगन में
हमको सुबह जगाने
दे-देकर थपकी संध्या फिर
हमको लगे सुलाने

रजनी की गोदी में देखूँ
जीवन का मृदु सपना
देख-देख फिर हो जावे यह
स्वप्न-देश ही अपना

यहाँ फले जीवन का मृदुफल
जो चाहे सो खावे
यहाँ मिलें वे चीजें जिनको
कोई कहीं न पावे

भरी रहें मेरे मधुवन में
स्वर्गिक सारी निधियाँ
आकर ब्रह्मा यहीं सीख लें
जग रचने की विधियाँ

यह जगती बस जाय इस तरह
अब तेरे आने से
प्राण हो उठें मुखरित मेरे
तेरे मृदु गाने से

मैं भी समझूँ इस जीवन में
मेरी मधुऋतु आई
मैंने भी अपनी मुराद
मुँहमाँगी तुझसे पाई

[फरवरी, 1932]

पंचनद के तीर पर

बसा हुआ था दलदल में ही जब उजड़ा घरबार सखी
निर्बल, पंगु बना था जीवन सह चुपचाप प्रहार सखी
दो दिन यों ही जी लेने के लिए पड़ा लाचार सखी
चीख उठी जब घर-घर में ही करुणा-जनक पुकार सखी
    हुआ ज्योति जीवन की लेकर नानक का अवतार सखी
    इसी पंचनद-तीर हुआ था यौवन का श्रृंगार सखी

अब आँगन में लगे खेलने विक्रम के अवतार सखी
गरज उठी इस तट से उस तट वीरों की हुंकार सखी
दहल उठा फिर पातक का दिल, काँपा अत्याचार सखी
पहुँची काबुल के फाटक तक मर्दित मान-गुहार सखी
    देखा दुनिया ने आँखों से मरने का त्योहार सखी
    इसी पंचनद-तीर हुआ था यौवन का श्रृंगार सखी

पहले के लँगड़े जीवन ने की अब मंजिल पार सखी
पहना तुरत कंठ में अपने गौरव का गलहार सखी

झूम चली मस्ती आगे को, उमड़ा पारावार सखी
यह जीवन अब जीवन-हित ही हुआ तुरत तैयार सखी
ज्यों ही चूड़ीवाले कर में चमक उठी तलवार सखी
इसी पंचनद-तीर हुआ था यौवन का शृंगार सखी

[जुलाई, 1932]

मस्ती

आज भरी है खूब लबालब
मेरी जीवन-प्याली
पी-पी कर यह नई जवानी
मदमाती मतवाली

इस दुनिया में सबसे बढ़के
मैं हूँ, मेरी मस्ती
अमरलोक से भी बढ़कर है
सुखमय मेरी बस्ती

घड़ियाँ आतीं, घड़ियाँ जातीं
मन-मन हँसती-हँसती
कितना पीऊँ प्याला भर-भर
पल-पल सुधा बरसती

बनी रहेगी प्रलय काल तक
इस मस्ती की हस्ती
महँगी से महँगी चीजें भी
लगती कितनी सस्ती

यहाँ देख लो जगह-जगह पर
मस्ती की ही खानें
जनम-जनम के जो हैं मुर्दे
वे मुझको क्या जानें

मुझको तो वे पहचानेंगे
जिनकी अपनी आँखें
जो उड़ सकते सारे जग में
फैला अपनी पाँखें

नस-नस में जिनकी है बिजली
तन में खून भरा है
पतझड़ की ऋतु में भी जिनका
उपवन-गात हरा है

जीने के लिए जगत् में
जो आकर मरते हों
जो मरने के लिए न कुछ भी
इधर-उधर करते हों

जिनका जीवन आदि अन्त तक
यौवन ही यौवन हो
बिना लिए कुछ दान करे सब
ऐसा जिनका मन हो

जिनके मन के कोने-कोने
में नन्दनवन फूलें
जो अपने यौवन के मद में
सारे जग को भूलें

जो ब्रह्मा के जैसी पल में
करें निराली रचना
जहाँ बसे मस्ती की बस्ती
नित ऊधम का मचना

मैं तो भाई मस्ताना हूँ
सुख-दुख मैं क्या जानूँ
पीड़ा भी होती है जग में
यह कैसे मैं मानूँ

तुम जानो चिन्ता की बातें
अपना दुखड़ा रोना
मैं जानूँ मस्ती की बातें
हँस-हँस कर खुश होना

सारी रातें लेट-लेट कर
सोना तुमको आता
लेकिन मैं तो सोता जगता
पथ पर चलता जाता

जैसी धूप, चाँदनी वैसी
ज्यों दिन त्यों ही रजनी
इनमें भेद न मैं कुछ मानूँ
ज्यों दिल्ली त्यों गजनी

भरी पड़ी मेरे मानस में
करुणा की गागर है
जिससे गहरा शायद ही जग
में कोई सागर है

रग-रग में अनुराग भरा है
रोम-रोम में ममता
जो माँगे सो झट दे डालूँ
इतनी मुझ में क्षमता

लेकिन इन सबके ऊपर यह
मस्ती का ही यहाँ रंग है
मैं हूँ अपना आप नमूना
मेरा अपना अलग ढंग है

मेरी अपनी ही बोली है
अपनी ही है भाषा
मेरे जग से निर्वासित है
आशा और निराशा

मुझको चाहे प्रेमी समझो
या जानो अनुरागी
या जीवन का बाँध तोड़ने
वाला पक्का बागी

या समझो मिट्टी का पुतला
पागल औ बैरागी
जो समझो, मैं मस्ताना हूँ
मैं ही हूँ बड़भागी

यह यौवन मेरा ही जीवन
यह दुनिया मेरी है
मैं हूँ राजा इस दुनिया का
यह दुनिया चेरी है

मैं जो चाहूँ वह कर डालूँ
जो मागूँ सो पाऊँ
जीवन-भर का भरा खजाना
खुद लूटूँ लुटवाऊँ

बना-बनाकर अपना गाना
गाऊँ और बजाऊँ
अपने मानूँ अपने रूठूँ
अपने को रीझाऊँ

अपना मुखड़ा देख-देख कर
अपने ही बलि जाऊँ
पल-भर में सारी दुनिया का
चक्कर मैं दे आऊँ

कौन यहाँ है आँखों वाला
मुझ से आँख मिला ले
कौन यहाँ है पाँखों वाला
मुझ से पाँख मिला ले

पंचभूत का पुतला मुझको
समझो तो नादानी
यौवन की प्रतिमा पर चढ़ता
है मस्ती का पानी

यहाँ नहीं वह जोश हवाई
यहाँ जोश तूफानी
जिसमें गलकर जल हो जाये
सब टापू बर्फानी

आती-जाती मन बहलाती
जोर-जोर की आँधी
आँधी में मुस्का-मुस्काकर
बन जाता हूँ गांधी

जितने जीव जगत् में आये
उठा चलेंगे डेरा
रह जायेगी मेरी मस्ती
हँसता यौवन मेरा

[फरवरी, 1932]

हम

हैं जीवन हम, हैं यौवन हम, हैं यौवन के उन्माद हमीं
जो हिला-डुला दे दुनिया को उस विप्लव के सिंहनाद हमीं
जिस पर अवलंबित क्रान्ति प्रबल वह पत्थर की बुनियाद हमीं
जिसमें है साहस, शक्ति भरी वह 'ब्रह्मा' की ईजाद हमीं
भारत के लाल हमीं
दुनिया की बाँह विशाल हमीं
हैं पृथ्वी के महिपाल हमीं
हैं उन्नति के आधार हमीं, सुख-दुख के जिम्मेवार हमीं
करते जग का व्यापार हमीं, हैं वैभव के आगार हमीं
हैं तिलक, लाजपत के चेले औ 'अजमल' के परिवार हमीं
हम 'मोती' और 'जवाहर' हैं, हैं गांधी के अवतार हमीं
'रवि' की वीणा के तार हमीं
'बसु' के हैं आविष्कार हमीं
सारे तत्त्वों के सार हमीं
हैं 'शंकर' के वरदान हमीं, हैं 'ईसा' के फरमान हमीं
हैं 'राम', 'रहीम' समान हमीं, इन्सान हमीं, भगवान् हमीं
दुनिया में जीवित जीवन की हैं एकमात्र पहचान हमीं
हैं भाग्य महा हम विधि के भी औ' भारत के अभिमान हमीं

[सितम्बर, 1931]

सत्याग्रह

(1)

है अपूर्व यह युद्ध हमारा, हिंसा की न लड़ाई है
नंगी छाती की तोपों के ऊपर विकट चढ़ाई है
तलवारों की धार मोड़ने गर्दन आगे आई है
सिर की मारों से डंडों की होती यहाँ सफाई है

मर मिटने में ही होता है, मान यहाँ बलवानों का
ऐसी-वैसी यह न लड़ाई, महासमर मरदानों का
जिसमें अन्त नहीं आहुति का, प्राणों के बलिदानों का

(2)

होता खुलकर युद्ध यहाँ 'फरमानों' औ 'अरमानों' का
प्रभुता-मद के अन्धेपन का, यौवन के अभिमानों का
कोप-तोप की बम-वर्षा का, मधुर-मधुर मुस्कानों का
गुड़ुम! गुड़ुम! के तुमुल नाद का, पागलपन के गानों का

लगता है मेला अलबेला बलिवेदी पर प्राणों का
ऐसी-वैसी यह न लड़ाई, महासमर मरदानों का
जिसमें अन्त नहीं आहुति का, प्राणों के बलिदानों का

(3)

शक्ति देखने में आती है अस्त्र-शस्त्र से हीनों की
रोओं के मारे छिद जातीं जब नोकें संगीनों की
कैसी होती है क्रीड़ा मर-मिटने के शौकीनों की
माँ के दीवाने, परवाने, मस्ताने, इन तीनों की

चिता-चिता पर कब्र-कब्र पर घर बसता दीवानों का
ऐसी-वैसी यह न लड़ाई, महासमर मरदानों का
जिसमें अन्त नहीं आहुति का, प्राणों के बलिदानों का

['कर्मवीर', खंडवा सितम्बर, 1931]

मोहन से

बाँध चुके ऐ देव, विश्व को
अपने काते तारों से
वहाँ हुआ तेरा स्वागत
उपहारों की भरमारों से

शाही महलों तक कुटियों से
तुझे हमारा ध्यान रहा
'मोहन' पर कुर्बान बराबर
सारा हिन्दुस्तान रहा

उजलों के काले दिल पर
तूने सच्चा नक्शा खींचा
उजड़ा 'लंकाशायर' अपने
गीले आँसू से सींचा

मोह लिया तूने घर-घर को
शहरों के, देहातों के
कायल कितने हुए हृदय से
निकली सच्ची बातों के

पर, इससे क्या होता जाता
है, हम दुखियों का मोहन
यहाँ हमारे घर में जारी
वैसा ही निष्ठुर दोहन

कितनी टूटें रोज लाठियाँ
निरपराध, नंगे सर पर
होती है दिन-रात चढ़ाई
भूखों के रीते घर पर

छोड़ो यह रोटी का टुकड़ा
अदना चावल का दाना
आओ मोहन, शंख बजाओ
पहने केशरिया बाना

भारत, यह तरुणों का भारत
नाच उठे अब चुटकी पर
पल में क्या का क्या करदे फिर
मोहन, तेरी मटकी पर

['कर्मवीर', खंडवा, दिसम्बर, 1931]

नोट : यह कविता तब लिखी गई थी, जब महात्मा जी राउंडटेबुल कॉन्फ्रेंस (लन्दन, दिसम्बर 1931) में थे।

स्वागत

(1)

स्वागत, ऐ मोहन, इस तट पर भारत के अभिमानों से
हिन्दू, सिक्ख, मुसलमानों से, ईसाई, पैठानों से
भूले-भटके गुर्खों से, बंगाली वीर जवानों से
इनसे, उनसे, सभी जनों से, जननी की सन्तानों से

(2)

हिम पर्वत पर रहने वाले 'शंकर' के वरदानों से
गौतम, नानक के, रहीम के, ईसा के फरमानों से
'गंगा' के गीले आँसू से, 'हिजली' के बलिदानों से
छप्परहीन कुटी में बसने वाले दीन किसानों से

(3)

हिमगिरि के नंगे मस्तक से, विन्ध्या के ठंडे मन से
यमुना-तट के ताजमहल के कुचले दिल के रोदन से
'वृन्दावन' की सूखी पतझड़ से, जननी के बन्धन से
पल-पल में माँ की छाती पर होने वाले नर्तन से

(4)

‘काशमीर’ के सड़े फलों से, हिन्दू-मुस्लिम दंगल से
गौरव-क्षत, उजड़े ‘ढाका’ के फटे-पुराने मलमल से
स्वागत है रीते हाथों का बन्दी के कर निर्बल से
तेरे हाथों होनहार भारत के भावी मंगल से

(5)

उतर-उतर जल्दी तट पर, गिन माँ के दिल की धड़कन
देख नाचने को आँगन में आतुर है अब नव-यौवन
बचपन बीता, मरा बुढ़ापा, आया है अब पागलपन
बहती चारों ओर हवा है उबली आहों की सन-सन

(6)

बागडोर ले हाथों में अब, बलिवेदी पर रथ ले चल
जिस पथ से गत वर्ष गये थे हमें वही अब पथ ले चल
जितने हैं ये नाग भयंकर उन सबको तू नथ ले चल
छोड़-छोड़ अब सात समुन्दर गंगा ही को मथ ले चल

[‘कर्मवीर’, खंडवा, दिसम्बर, 1931]

नोट : यह कविता महात्माजी के राउंडटेबुल कॉन्फ्रेंस से वापस लौटने के कुछ ही दिन पहले पत्रों में छपी थी।

चित्र

(दरिद्र, दास और दुखी भारत का)

(1)

रोता भाग हमारा रुक कर टेढ़ी-कड़ी लकीरों में
चित्र हमारे वैभव का है नग्न, उदास फकीरों में
जेलों में खुल गये हमारे मन्दिर, मस्जिद, गिरजा अब
सुन लो प्रभु की नम्र वन्दना लोहे की जंजीरों में

(2)

लटक रहा सुख कितनों का आज खेत के गन्नों में
भूखों के भगवान खड़े हैं दो-दो मुट्ठी अन्नों में
कर जोड़े अपने घर वाले हमसे भिक्षा माँग रहे
किन्तु देखते उनकी किस्मत हम पोथी के पन्नों में

(3)

जग में सुख है मृत्यु हमारी, है आराम मजारों में
जीवन का परिचय पाता है कोई एक हजारों में

अपने आँसू की गंगा में कितने अब तक डूब चले
बाकी का जीवन अटका है इन चिथड़ों के तारों में

(4)

जिसका जीवन ही खप जाता अपना दुखड़ा रोने में
छोड़ एक आँसू वह क्या दे और आपको दोने में
छोड़ क्षीर सागर अब तो रहते हैं प्रभु और कहीं
लेटे छप्पर-हीन कुटी के भीतर, खर पर, कोने में

(5)

जिस बर्तन में छेद हो चुका देर न उसके चूने में
इसीलिए थी दौड़-धूप रे इतनी उस दिन पूने में
बिछुड़े परिजन मिले, बढ़ाते हाथ प्रेम का मिलने को
पर, जाता सम्मान हमारा उन हरिजन को छूने में

(6)

क्या समझो, है पीड़ा कितनी इन पाँवों के छालों में
मिल कर देखो जननी के हित भस्म रमाने वालों में
बच्चे करुणा-पूर्ण दृष्टि से अपनी माँ को देख रहे
जननी की आँखें अटकी हैं कब से अपने लालों में

(7)

मानचित्र भारत का अंकित कृषकों की कृश काया में
सब रहस्य है छिपा हमारी इस निद्रा की माया में
जाकर देखो, कैसे कतता सूत प्रेम का विमल-विमल
पूने में, यरवदा जेल में, तरु रसाल की छाया में

['प्रताप' कानपुर, अप्रैल, 1933]

नवीन नेपाल

(1)

आलस की गोदी में सोये तुम कितने युग से अभी लाल
इस हिमगिरि के नीचे-नीचे क्यों वीर, तुम्हारी मंद चाल
वन, पर्वत, सरिता, निर्झर तो सब आज तुम्हारे हैं स्वतंत्र
पर, तुम स्वतंत्रता से अबोध, ऐसा यह किसका इन्द्रजाल

(2)

नित उदित तुम्हारे आँगन में उस उच्च शिखर से सूर्य, चाँद
सुनते रहते हो विहग-गान, वन में सिंहों का हर्ष-नाद
पीते तुम बागमती का जल चंचल, स्वतंत्र, निर्मल, मंजुल
फिर क्यों न कंठ करता वैसा ही मधुर-मधुर कलकल निनाद

(3)

सामने तुम्हारे खड़ा श्वेत मस्तक ऊँचा कर शृंगराज
आ-आकर ऊपर से निर्झर गा रहे गर्व के गीत आज
तुम पड़े आलसी आँगन में कुछ-कुछ अजान कुछ जान-जान
लोटता धूल में भूला-सा अपने गौरव का पूज्य ताज

(4)

नीचे तपस्विनी गंगा है अपने दृढ़ तप में आज लीन
कर सके जगत को, जिसमें वह धो-धोकर जल से मलविहीन
ऊपर तुम प्रायश्चित्त छोड़ बस, उसी दिशा में रहे दौड़
है पड़ा जहाँ रोता जीवन अपनी भूलों से दुखी दीन

(5)

इस तपोभूमि में भी विलास, क्या इस युग में राग-रंग
क्यों शंख-नाद से नव युग के होता न तुम्हारा ध्यान भंग
क्या पड़े-पड़े तुम जीवन में इस तरह हुए चेतना-हीन
उठती न हृदय में उठने की जो अब वैसी मीठी उमंग

(6)

देखो तो, है कितना उज्ज्वल वह हिम-पर्वत का श्वेत वर्ण
खिल उठे उषा की किरणों से वह नित्य-नित्य जैसा सुवर्ण
पर, सदा देखता नीचे वह तुमको विलास में जब निमग्न
हिम पिघल-पिघल बहता दुख से, हो जाता उसका मुख विवर्ण

(7)

रुकती न कभी रे बागमती की निर्मल, चंचल तीव्र धार
दिन-भर, रजनी-भर, जीवन-भर बहती रहती है लगातार
क्यों रुके हमारे जीवन का फिर इन झीलों में विमल स्रोत
बस बहे-बहे, बस बढ़े-बढ़े बस उसी पार बस उसी पार

(8)

हो गया दूर अब अंधकार, मिट गई यहाँ की घोर रात
मृदु मंद-मंद बहता समीर, हिलते हैं वन के पात-पात
पुलकित हों सबके रोम-रोम बस उठो चलो करने विहार
आया क्रीड़ा के आँगन में कितने युग में अब नव प्रभात

(9)

शुभ स्वागत में अब नवयुग के आओ, विलास की गोद छोड़
तन की धूलों को झाड़-झाड़, हँस-हँसकर बन्धन तोड़-तोड़
तुम समझोगे, इस पुण्य-मार्ग के पथिक यहाँ बस तीन-चार
पर, दृढ़ प्रतिज्ञ चल पड़े यहाँ से कई लाख, कितने करोड़

(10)

कुछ बात नहीं अपने विरुद्ध, है यदि सरिता का खर-प्रवाह
परवाह नहीं रे वन-वन यदि घूम-घूम जा रही राह
उद्‌देश्य-सिद्धि के लिए चाहिए बस जीवन में एक बात
चाहिए हृदय में अमर चाह, चाहिए हृदय में अमर चाह

(11)

खेलो लहरों से खेल, चलो अब बीच धार में डाल नाव
देखो अथाह सागर में है कैसा बहाव, कितना डुबाव
यों किये बिना तुम जानोगे कैसे जीवन है कौन वस्तु
है क्योंकि यही जीवन जीवन, जीवन का यह पहला स्वभाव

['हंस' काशी, अप्रैल, 1933]

स्वतंत्रता की ओर

आज यहाँ का बच्चा-बच्चा मिटने का अभिमानी है
देश दंग है देख-देखकर, यह कैसी कुर्बानी है
न्योछावर आजादी पर युवकों की मस्त जवानी है
बूढ़ों की अब जीर्ण जरा भी पगली है, दीवानी है

अब स्वतंत्र होने की भारत के कण-कण ने ठानी है
आज कही जाती दुनिया में घर-घर यही कहानी है
अब स्वतंत्रता की कीमत इस भारत ने पहचानी है

क्या छोटा-सा गाँव और क्या वह दिल्ली राजधानी है
उस बूढ़े गांधी की बातें आज सभी ने मानी हैं
गांधी के दृढ़ तप की कीमत जनता ने पहचानी है
कुर्बानी के लिए खड़े सब क्या मूरख, क्या ज्ञानी है

गांधी की यह आँधी चलती चाल बड़ी तूफानी है
आज कही जाती दुनिया में घर-घर यही कहानी है
अब स्वतंत्रता की कीमत इस भारत ने पहचानी है

क्या कुटिया की बुढ़िया नानी, यौवन की अभिमानी क्या
क्या गोदी की नन्ही बच्ची, महलों की महारानी क्या
घर के भीतर रहने वाली ठाकुर की ठकुरानी क्या
कोमलता में पलने वाली घर की कोमल रानी क्या

जाती हैं सब बलिवेदी पर माँ को भेंट चढ़ानी है
आज कही जाती दुनिया में घर-घर यही कहानी है
अब स्वतंत्रता की कीमत इस भारत ने पहचानी है

अब गोली की बाढ़ रोकने सबने छाती तानी है
लालों की मूँछों पर अंकित रेखाएँ मर्दानी हैं
क्या इनके इन बलिदानों का इस दुनिया में सानी है
होड़ देख जब इनकी, कुर्बानी भी पानी-पानी है

इस मरने की आज शान पर स्वयं स्वर्ग अभिमानी है
आज कही जाती दुनिया में घर-घर यही कहानी है
अब स्वतंत्रता की कीमत इस भारत ने पहचानी है

['कर्मवीर' खंडवा, जून, 1931]

प्रस्थान

जीवन की माया-ममता से निर्मोही मुँह मोड़ चले
दुनिया के सारे वैभव को दुनिया में ही छोड़ चले
आहुति की आगी में अपनी हड्डी-हड्डी जोड़ चले
माँ के बंधन के पहले ही अपना बंधन तोड़ चले

चढ़ टिकठी पर, चूम रस्सियाँ ये मतवाले उधर चले
जिधर हमारे लाल लाड़ले विहँस-विहँसकर बिखर चले

जीवन के पहले प्रभात में किस उमंग में उछल चले
पी-पीकर मतवाली मदिरा अल्हड़पन की बिछल चले
नव-यौवन के रंग-महल से गुपचुप ही में निकल चले
एक न मानी बात किसी की, कितने लालच कुचल चले

चढ़ टिकठी पर, चूम रस्सियाँ ये मतवाले उधर चले
जिधर हमारे लाल लाड़ले विहँस-विहँसकर बिखर चले

सुन-सुन ये दीवाने किसके आवाहन का शोर चले
मचल-मचल गलहार पहनकर किस महफिल की ओर चले

गा-गा गजलें आजादी की अमरपुरी की ओर चले
दे अपना जीवन बदले में माँ का स्नेह बटोर चले

चढ़ टिकठी पर, चूम रस्सियाँ ये मतवाले उधर चले
जिधर हमारे लाल लाड़ले विहँस-विहँसकर बिखर चले

कर यौवन का आदर विप्लव की भट्ठी में कूद चले
क्रांति पुजारी आज क्रांति में बन-बनकर बारूद चले
हँसते-हँसते आखिर ये भी अपनी आँखें मूँद चले
माँ की थाली भरने को ये बन शोणित की बूँद चले

चढ़ टिकठी पर, चूम रस्सियाँ ये मतवाले उधर चले
जिधर हमारे लाल लाड़ले विहँस-विहँकर बिखर चले

['देश', पटना, अगस्त, 1931]

उद्गार

हृदय रहे आधार हृदय का, पत्थर भी दिलदार रहे
खिसक पड़ें, कड़ियाँ बन्धन की, लगा नेह का तार रहे
मचल-मचलकर नन्दनवन में विहरे मस्ताना यौवन
चहक उठे अन्तर की बुलबुल, जग-विमुक्त उद्गार रहे
करुणा का निर्झर झरता हो, उमड़े मस्ती का सागर
एक बूँद पाने का जग में कोई भी हकदार रहे
क्या चेतन क्या जड़, कण-कण में लगे अमर फिर से नाता
सब असारता हटे यहाँ से, सार सहित संसार रहे
जीवन ही हो जग का जीवन, जगे ज्योति चिर-जीवन की
जीवन ही पर सदा हमारा तन, मन, धन बलिहार रहे
दे दे सुमन मधुप को मधु तो मधुप लुटा दे मधु जग को
यह व्यवहार रहे घर-घर में, ऐसा ही व्यापार रहे
सेवा का व्रत लेकर विचरूँ जग के कोने-कोने में
मैं न रहूँ, न सही, पर मेरा भारत यह गुलजार रहे

[जनवरी, 1932]

मंगल-गान

मंगल-गान करो मायाविनि, मंगलमय पल-पल ये;
मंगल तरु, मृदु मंगल डाली, मंगल-मंगल फल ये।
मंगल ज्योति, सकल वन जगमग, दृग-सम्मुख छवि झूले;
आलस त्याग नदी, निर्झरिणी, अवन-पवनचंचल ये।
विहँसी दिशा, पड़े बादल पर मृदु मुस्की के छींटे;
सहचरि, तुम तो तनिक न समझीं, हँसे कमल के दल ये।
मंगल वायु चली, पुलकित हो अंधे तरु भी डोले;
जगा रहे तृण-तृण को खग के कोमल कोलाहल ये।
मानव जगे, जगे सब प्राणी, बढ़े दिशा-विदिशा को;
तुम भी उठो जगत में देखो, जग के कौतूहल ये।

[मई, 1934]

वचन

जब आवेंगे संकट के दिन कह दो, तब न भुलाओगे
इसी तरह मुस्का-मुस्काकर अपने पास बुलाओगे
किस पर न अचानक विपद पड़ी
जाने कब आवे कौन घड़ी
रह जायँ खड़ी उस दिन न कहीं
यों तो आशायें बड़ी-बड़ी
मेरे मन की छुई-मुई को उँगली नहीं छुलाओगे
जब आवेंगे संकट के दिन कह दो, तब न भुलाओगे
हम गाते हैं, इठलाते हैं
मुस्काकर प्यार जताते हैं
हैं आज हमारे सुख के दिन
हम प्रेमी हैं, मन भाते हैं
किन्तु पड़ेगा जब रोना तब दुख में नहीं रुलाओगे
जब आवेंगे संकट के दिन कह दो, तब न भुलाओगे

[फरवरी, 1934]

आभास

आज इस समय
हृदय प्रेममय
रह-रहकर होता है मन में भावों का उत्थान-पतन
दूर समागम
पथ अति दुर्गम
जीवन में करना पड़ता है निशिदिन श्रम से कोटि यतन
मानव निर्बल
करुणा केवल
ये दो लोचन जल की बूँदें निर्बल के अनमोल रतन

[फरवरी, 1934]

प्रवाह

चल सखि, चल होता है विलम्ब, पथ कौन कहाँ कैसा दुर्गम
श्रृंखला तोड़ बह रहा सलिल
पर तू पथ में ही पड़ी शिथिल
बावली जानती नहीं, यही तो पथ जाता सीधे संगम
बनती क्यों पथ की विध्न अटल
उठ, इठला, इतरा, मचल-मचल
चेतनता की चंचल पुतली, इतनी जड़ क्यों तू तो जंगम
यह तन नश्वर, पर अमर चाह
फिर हम ऐसों की खुली राह
जीवन में हम भी तो देखें, होता है कैसा उदधि अगम

[अक्तूबर, 1933]

परिवर्तन

उमड़-उमड़ आता मानस में रस का स्त्रोत असाधारण
जब बदला मैं, बदली दुनिया, बदल गया सब साधारण
जब-जब खुलते लोचन मेरे
स्वप्न-सेज में सजनि, सबेरे
तब-तब मृदु भावना जगत यह सुन्दर रूप किये धारण
आज अचानक फूटी वाणी
घट-घट में गूँजी कल्याणी
अब मिल जीवन का संगीत भिन्न मंत्र, सब उच्चारण
हृदय द्रवित यह लोचन गीले
एक प्रेम सब बंधन ढीले
आई अब वह बेला, यह सब जिसके हित, जिसके कारण
उमड़-उमड़ आता मानस में रस का स्त्रोत असाधारण

[दिसम्बर, 1933]

रक्त-बिन्दु

रक्त-बिन्दु लेना कपाल पर ओ अल्हड़ अभिमानी रे
नश्वर जग में केवल यह जीवन की अमिट निशानी रे
फुल्ल नासिका, सुरभि-समीरण
चंचल नेत्र, रूप-आकर्षण
कंठ-रन्ध्र की राग-रागिनी
पुलकित रोम, सुधा का वर्षण
खड़ी किनारे लाल डोर के कब की अमर जवानी रे
रक्त-बिन्दु लेना कपाल पर ओ अल्हड़ अभिमानी रे
कुछ गुलाल, कुछ कुंकुम रोरी
पिचकारियाँ रंग में बोरी
अविर-धूलि में भरी मुट्ठियाँ
चोरी-चोरी कुछ बरजोरी
होली के अवसर पर जग की भोली वयस दिवानी रे
रक्त-बिन्दु लेना कपाल पर ओ अल्हड़ अभिमानी रे

[फरवरी, 1934]

साधारण

क्यों करता है खेद हृदय, यह सब जग में होता ही है
यह निर्बल प्राणी अपना सब-कुछ खोकर रोता ही है
जगती के आँगन में डोले
नित उमंग में मृदु-मृदु बोले
उड़-उड़कर कुछ दूर गगन में
थोड़ी देर मुक्त भी हो ले
फिर भी यह मानव माया के पिंजड़े का तोता ही है
क्यों करता है खेद हृदय, यह सब जग में होता ही है

डगमगर विहार

सुन-हिली धरा, डोली दुनिया, भवसागर में डगमग विहार
'वैशाली', 'मिथिला' जब उजड़ीं तब उजड़ गया लगभग बिहार
है व्यर्थ प्रश्न यह, कौन मरा
जब बालू ही से कुआँ भरा
गिर पड़े भवन, उलटी नगरी
फट गई हमारी वसुन्धरा
आई वर्षा, ले गई बहा फिर रहा-सहा जगमग विहार
सुन-हिली धरा, डोली दुनिया, भवसागर में डगमग बिहार
सहसा आया भूकम्प अभी
ओले सूखे की विपद कभी
जीवन के दो दिन, इनमें भी
बस दुनिया-भर के दुख सभी
आ बरस शेष जो कुछ भी हो, अब क्या, तत्पर पग-पग विहार
'वैशाली', 'मिथिला' जब उजड़ीं तब उजड़ गया लगभग बिहार
जो बचे, रहेंगे पेड़ों में
गायों-भैंसों में, भेड़ों में
दुनिया सारी आबाद रहे
हम खेलें जरा बखेड़ों में

मुर्दे नंगे, जिन्दे नंगे, नंगा सारा अग-जग विहार
सुन-हिली धरा, डोली दुनिया, भवसागर में डगमग बिहार

जवानी

रस पी-पीकर फूल उठा तन, फूटीं कोंपल नरम-नरम
पहले पहल जवानी आई, तन के रोयें गरम-गरम
फूटा कंठ, गुलाबी मुखड़ा, बदली बोली पहचानो
राजभवन हो गई सुदामा की कुटिया अब सच मानो
इतनी बड़ी जगत की लज्जा आँखों में आ समा गई
कौन रमी ऐसी योगिन रे, आई दुनिया रमा गई
विधि की सारी सृष्टि खिल उठी, कुंजों ने आँखें खोलीं
स्तब्ध वृक्ष की डालें डोलीं, डालों पर माया बोलीं
भिगो गई पीताम्बर, तरु से उतरी फिर ऐसी छाया
आँख खुली तो बनी स्वर्ण की खेल रही अपनी काया

[मार्च, 1934]